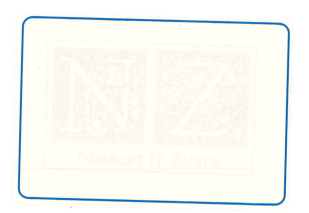

FASZINIERENDE
INSEKTEN

Christopher O'Toole

FASZINIERENDE
INSEKTEN

WUNDER UND RÄTSEL
EINER FREMDEN WELT

Aus dem Englischen von
Veronika Straaß

Bechtermünz Verlag

Danksagung

Ich danke meiner Partnerin Rose Underwood für ihre Liebe und ständige Unterstützung, während ich dieses Buch schrieb, und ich danke ihr, daß sie das gesamte Manuskript mit den Augen des Nicht-Fachmanns gelesen hat. Mein Dank gilt auch Steve Nicholls für viele fruchtbare Diskussionen, die mir beim Entwickeln dieses Buchkonzeptes eine große Hilfe waren. Und ich danke den Lektoren Sheila Ableman, Martha Caute, Christine King und Jennifer Fry von BBC Books für ihre sachkundige und geduldige Hilfe.

Fotos auf den vorhergehenden Seiten:

Seite 1: *Ein borstiger Alptraum: Diese Trägspinnerraupe (Südafrika) gibt mit ihrer Gesichtszeichnung in Warnfarben zu verstehen, daß sie abstoßend schmeckt.*

Seite 2: *Eine Nymphe der Gottesanbeterin* Polyspilota aeruginosa *(Madagaskar) richtet sich in Drohhaltung auf und stellt die stark bedornten Fangbeine zur Schau, die sie beim Beutefang einsetzt.*

Titel der Originalausgabe *Alien Empire*

Genehmigte Lizenzausgabe für
Weltbild Verlag GmbH, Augsburg 2000
Copyright © der englischen
Originalausgabe by Christopher O'Toole
Copyright © der deutschen Ausgabe
by Knesebeck GmbH & Co. Verlags KG, München
Umschlaggestaltung: Zembsch' Werkstatt, München
Umschlagmotive: © by K.G. Preston-Mafham/
Premaphotos Wildlife
Gesamtherstellung: Butler & Tanner Ltd
Printed in Great Britain
ISBN 3-8289-1584-1

Dieses Buch ist für meine geliebte Rose

Links: *Eine Schwalbenschwanzart,* Papilio phorcas, *hat sich im kenianischen Regenwald niedergelassen.*

INHALT

Vorwort
Seite 9

Einleitung
Seite 11

1

AUF
ERFOLGSKURS

Technische Wunderwerke
im Kleinstformat

Seite 13

2

PERFEKTE
ROBOTER

Präsent mit allen
Sinnen

Seite 41

3

AUF ACHSE

Läufer, Springer, Flieger
Schwimmer und die
Standhaften

Seite 13

4

PERFEKTE
KONSUMENTEN

Über Futter und
Fressen

Seite 87

5

VERTEIDIGUNG IN FEINDLICHER WELT

Insekten und ihre Waffen

Seite 123

Literaturhinweise
Seite 217

Bildnachweise
Seite 218

Register
Seite 219

6

SEID FRUCHTBAR UND MEHRET EUCH

Werbung, Paarung und elterliche Fürsorge

Seite 151

7

LEBEN IN DER GEMEINSCHAFT

Das soziale Leben der Insekten

Seite 177

8

VON INSEKTEN UND MENSCHEN

Freunde oder Feinde?

Seite 199

VORWORT

Überall gibt es Insekten, und wir brauchen sie. Zwar betrachten viele Menschen in der überentwickelten Welt Insekten als Ekeltiere, aber wir alle sind von ihnen abhängig: Diese vielverkannten, aber oft verblüffend schönen Tiere leisten ökologische Dienste, die kaum jemand bemerkt.

Insekten haben eine bessere Presse verdient: Nur sehr wenige sind echte Schädlinge oder verbreiten tatsächlich Krankheiten. Wir müssen mehr über sie wissen, um besser zu verstehen, auf welch komplizierte Weise sie die lebenserhaltenden Systeme unseres Planeten stützen helfen. Und wenn wir auch in Zukunft von Insekten profitieren wollen, müssen wir wissen, wie sich die Verwüstung der globalen Ökosysteme durch den Menschen vermutlich auf sie auswirken wird. Kurzum, wir müssen mehr über Insekten wissen, damit wir sie und letztendlich unseren eigenen Lebensraum mit besseren Erfolgsaussichten schützen können.

Es stimmt, daß die Erde ohne jene schönen und bedrohten Vorzeigetiere der Artenschutzbewegung trauriger aussähe, ohne den Großen Panda, den Sibirischen Tiger und den Blauwal. Wir müssen sie retten. Aber wir müssen unsere Artenschutzethik weiterfassen und auch jene achtlos übergangenen Schwerarbeiter einschließen, auf die wir angewiesen sind: die Insekten.

Ich war hocherfreut, als Steve Nicholls, leitender Produzent der BBC-Serie »Alien Empire«, mich bat, als wissenschaftlicher Berater mitzuwirken. Und noch erfreuter war ich, als man mich bat, das Buch zur Serie zu schreiben, das Sie nun in Händen halten. Beides gab mir die Gelegenheit, an einer Sache mitzuarbeiten, die mir sehr am Herzen liegt, nämlich die Insekten populär zu machen.

Wenn sich das so anhört, als ob ich hier schamlos meinen Vorlieben fröne, dann gebe ich das gerne zu. Ich hatte das große Glück, daß ich das Studium von Insekten und meine Mitgliedschaft im Kuratorium einer der weltweit größten Insektensammlungen zum Beruf machen konnte. Seit fast 30 Jahren arbeite ich nun mit Insekten und sie faszinieren und fesseln mich immer noch.

Christopher O'Toole
Hope Entomological Collections,
University Museum, Oxford

Links: *Eine Laubheuschrecke,* Amblycoypha floridiana *(Florida, USA) frißt an einem Blatt. Normalerweise ist diese Art leuchtendgrün; dieses Tier ist eine seltene rosafarbene Mutante.*

EINLEITUNG

Reptilienzeitalter nennen wir heute die Zeit, als Dinosaurier die Welt beherrschten. Wir Menschen halten uns für ihre Erben, für die Herrscher der Neuzeit. In Wirklichkeit aber konnten sowohl Saurier als auch Menschen nur leben, weil es ihnen die Insekten, die wirklichen Herrscher der Welt, freundlicherweise gestatteten. Diese gepanzerten kleinen Geschöpfe sind es, die den Lauf der Welt bestimmen, und das ist seit mindestens 300 Millionen Jahren so.

Klingt das übertrieben? Dann sehen wir uns doch einmal mit offenen Augen um: Insekten sind allgegenwärtig und erfüllen die meisten jener wichtigeren ökologischen Aufgaben, von denen wir und alle anderen landlebenden Tiere abhängen: Sie besetzen Schlüsselpositionen in allen Nahrungsketten. Insekten verarbeiten und beseitigen organische Materie und geben dabei dem Boden wertvolle Nährstoffe zurück. Sämtliche Früchte und viele unserer Gemüsesorten sind auf die Befruchtung durch Insekten, besonders durch Bienen angewiesen.

Zwar können Insekten Ernten dezimieren und Krankheiten übertragen, aber andere Insekten – zum Beispiel räuberische Käfer und parasitische Wespen – tun das Ihre, sie in Schach zu halten. Über eine Million Arten sind beschrieben worden; einige Schätzungen gehen sogar von 15 bis 30 Millionen Arten aus. Insekten sind so zahlreich, daß sich von ihren wimmelnden Heerscharen ein reichhaltiges Spektrum an Tieren ernährt, angefangen bei Spinnen und Skorpionen über Eidechsen und Vögel bis hin zu vielen Säugetieren, der Mensch inbegriffen. Es gibt so viele Insekten und sie sind eine so verläßliche Nahrungsquelle, daß sich viele Tiere auf den Insektenfang spezialisiert haben.

Wenn man die Zahlen betrachtet, die hinter dem Insekten-Phänomen stehen, wird man bald wirr im Kopf: Die Biomasse (das Gesamtgewicht) an Ameisen und Termiten im Amazonas-Becken macht ein Drittel des Gesamtgewichtes aller Tiere in diesem Gebiet aus, Menschen inklusive. Ein Schwarm Afrikanischer Wüstenheuschrecken, *Schistocerca gregaria*, kann aus 50 Milliarden Tieren bestehen, eine Fläche bis zu 1 000 Quadratkilometer bedecken und sechs Stunden brauchen, um einen auf dem Boden stehenden Beobachter zu überfliegen. Die Arbeiterinnen eines einzigen Bienenstockes können zwei bis drei Millionen Blüten pro Tag besuchen und dabei ein Nahrungsgebiet von 200 bis 300 Quadratkilometern abfliegen. Auf einem Quadratkilometer bewohnbaren Landes leben ungefähr 10 Milliarden Insekten, oder, anders ausgedrückt, auf jeden Menschen kommen heute rechnerisch 200 Millionen Insekten.

Da Insekten die ökologischen Zahlen derart dominieren, steht völlig außer Frage, daß sie für das Leben auf diesem Planeten außerordentlich bedeutsam sind. Sie sind in der Tat die erfolgreichsten Tiere aller Zeiten, und dieses Buch ist der Erforschung und Bewunderung ihres Erfolges gewidmet.

Zwei weibliche Buckelzirpen Umbonia crassicornis *(Florida, USA), Auge in Auge auf einem Stengel.*

1

AUF ERFOLGSKURS

Technische Wunderwerke im Kleinstformat

An dieser kenianischen Heuschrecke der Gattung Parasphena *sind die sich überdeckenden Panzerplatten zu sehen – eines der vielen Erfolgsgeheimnisse der Insekten*

Stellen Sie sich vor, Sie wären der Generaldirektor einer High-Tech-Maschinenbaufirma, die auf dem besten Wege zur Roboter-Technologie ist. Ihr Chef-Designer legt Ihnen die Idee für ein neues Projekt vor. Wie würden Sie reagieren, wenn dieses Projekt nichts weniger wäre als der Entwurf für eine Million oder noch mehr Typen eines Roboters mit folgenden technischen Besonderheiten?

Hardware:

* Gepanzerte, sich selbst kopierende Kleinstroboter mit der Fähigkeit, fast alle terrestrischen Lebensräume zu besiedeln und fast alle verfügbaren Ressourcen zu beherrschen.

* Die meisten dieser Roboter können fliegen und viele sind außerdem noch schnelle Läufer und/oder Springer.

* Viele Typen haben zwei oder mehr Konstruktionsphasen, wovon jede in einem Lebensraum operiert, der sich von dem des Endprodukts unterscheidet.

* Alle haben Bord-Sensoren, um visuelle, akustische und geruchliche Daten zu sammeln, und alle haben Transmitter, um Töne, Gerüche und in einigen Fällen auch Lichtsignale zu senden.

* Viele Modelle dieses Roboters beherrschen die chemische Kriegsführung und nutzen zu diesem Zwecke entweder chemische Verbindungen, die sie Pflanzen entziehen oder Substanzen, die sie selbst synthetisieren.

* Alle Roboter erzeugen ihre Energie selbst, indem sie Ressourcen tierischen oder pflanzlichen Ursprungs nutzen. Einige verwerten Ressourcen, indem sie mit einer Vielfalt von Pilzen, Bakterien oder einzelligen Tieren zusammenarbeiten.

* Einige Arten dieses Roboters sind darauf programmiert, Bestandteile anderer Roboter zu stehlen und sie in ihre eigenen Strukturen einzubauen.

* Viele Typen sind darauf programmiert, kooperativ in Gruppen zu arbeiten. Diese Gruppen schaffen und erhalten ihre eigenen Kleinlebensräume, indem sie chemisch selbstsynthetisierte Baumaterialien benutzen und/oder Materialien einsetzen, die sie ihrer Umwelt entziehen.

Software:

* Alle Typen haben einen Bordcomputer mit einer Software, die visuelle und chemische Signale verarbeiten kann. Einige können auch akustische Signale verarbeiten.

* Alle Software-Elemente sind mit einer Systemuhr und ausreichend Speicherkapazität ausgestattet.

Vielleicht haben Sie nun für sich den Schluß gezogen, daß diese technischen Spezifizierungen das Produkt eines umnachteten Gehirns sind, daß es sich um die Ergüsse eines verrückten Wissenschaftlers mit Größenwahn und dem

Hirngespinst von unbegrenzten Möglichkeiten handelt. Aber Sie irren sich. Solche sich selbst kopierenden Roboter mit exakt diesen Eigenschaften gibt es. Sie beherrschen die Erde seit mindestens 300 Millionen Jahren. Ihre Wechselbeziehungen mit Pflanzen waren die Voraussetzung für die Existenz des Menschen. Wir nennen diese Roboter Insekten, und ohne sie würden wir zugrundegehen.

GRUNDIDEE RÜSTUNG

Insekten haben wie wir ein Stützgerüst, das Skelett. Es trägt die Körpergewebe und wird von Muskeln bewegt. Aber damit sind die Ähnlichkeiten auch schon zu Ende: Anders als bei uns sitzt das Insektenskelett außen am Körper und bildet eine Außenhaut oder Kutikula aus miteinander verbundenen, gegliederten Panzerplatten. Daher ist das Grundmuster dieses Skeletts ein Zylinder. Und weil ein Zylinder eine sehr stabile Struktur ist, brauchen Insekten keine starre Wirbelsäule, kein Rückgrat. Weil das Insektenskelett außen sitzt, wird es Exoskelett genannt (unser Skelett heißt aus naheliegenden Gründen Endoskelett).

Das Insektenskelett besteht nicht aus Knochen, sondern aus einer hornigen Substanz namens Chitin, die mit Proteinen kombiniert ist. Wenn ein mit Werkstoffen befaßter Wissenschaftler so etwas erfunden hätte, wäre er schon längst Millionär: Chitin ist eine wirklich erstaunliche, vielseitig verwendbare Substanz, die geringes Gewicht mit großer Festigkeit verbindet. Dank Chitin haben Insekten für technische Probleme elegante Lösungen gefunden. An ein und demselben Insekt kann Chitin in verschiedenen Formen auftreten: Es kann sehr fest, starr und für Flüssigkeiten und Gase undurchlässig sein und kann harte Strukturen wie die scharfen Schneidekanten der Kiefer bilden; es kann aber auch dünn und biegsam sein, ohne deshalb an Festigkeit zu verlieren – das richtige Material für die Verbindung zwischen den Panzerplatten. Und, falls erforderlich, wie etwa bei den Kiemen, kann Chitin auch für Flüssigkeiten und Gase durchlässig sein.

Weil Chitin äußerst formbar ist, konnten die Insekten einen bemerkenswerten Formenreichtum entwickeln, ohne deshalb die wesentlichen Funktionen aufs Spiel zu setzen: Schutz nach außen und Stütze für Muskeln und andere Gewebe nach innen.

Dornen plus Panzerplatten machen diese Käferlarven der Gattung Dulticola *(Borneo) zu einem harten Happen*

Wie vielfältig die Chitin-Kutikula einsetzbar ist (aus dem Lateinischen: cuticula = Haut), zeigt sich unübersehbar daran, welch weites Spektrum an Strukturen von dieser Kutikula aufgebaut wird. Nicht nur das Exoskelett, sondern auch die Auskleidung von Vorder- und Hinterdarm, die Atemröhrchen der Tracheen, die schützenden Stacheln von Grillen und Käfern, das Pelzkleid von Bienen und einigen Fliegen und die winzigen Schüppchen, die den Flügeln von Schmetterlingen und Motten ihr Farbmuster geben, bestehen aus dieser Kutikula. Alle Sinnesorgane sind aus stark modifizierter Kutikula aufgebaut, selbst die Linsen der Augen und die perforierten Härchen, die beim Schmecken und Riechen eine Rolle spielen.

Auf der Kutikula baut auch das wunderbare Farbspektrum im Insektenreich auf: Die meisten Farben kommen durch Pigmente zustande, die in der Kutikula eingelagert sind. Diese Pigmente können von den Insekten selbst produziert oder von ihren Nahrungspflanzen abgeschieden werden.

Oben: *Nichts wird verschwendet: Die Nymphe einer Sattelschrecke der Gattung* Acrometopa *im fünften Kleid frißt ihre kürzlich abgelegte Haut.*

Die leuchtenden, metallisch irisierenden Farben vieler Insekten entstehen unmittelbar durch exakt gebildete Strukturen. Zum Beispiel kommen die metallischen Blautöne der südamerikanischen Morpho-Falter durch mikroskopisch kleine, präzise plazierte Rillen und Grate auf den winzigen Schuppen zustande, mit denen die Flügel überzogen sind. Diese Oberflächenstrukturen sind räumlich so angeordnet, daß bei der Lichtbrechung nur Blau reflektiert wird; eine reflektierende Schicht von Mikrofibrillen gibt dem Ganzen noch einen metallischen Schimmer.

Zwar ist Chitin in der Tat ein Wunderwerkstoff, aber ein Außenskelett hat auch seine Nachteile: Es setzt dem Größenwachstum enge Grenzen. Insekten umgehen dieses Problem, indem sie abschnittsweise wachsen: Sie legen eine neue Kutikula unter der bestehenden an und streifen dann die »alte« in einem vorbestimmten Stadium ab (siehe Zeichnung Seite 36). Viele Insekten verschwenden den wertvollen Rohstoff nicht, sondern verspeisen ihre soeben gehäutete Kutikula.

Das neue Skelett ist anfangs weich und biegsam. Das machen sich die Insekten zunutze: Sie schlucken Luft oder Wasser, um ihr Volumen zu vergrößern, bevor die Kutikula erhärtet. Anschließend werden manchmal besondere Innenschichten angelegt: die *Endokutikula*. Die Kutikula ist reich an Drüsen, die sich oft als komplexe Einfaltungen darstellen. Diese Drüsen überziehen die Oberfläche des Insektenpanzers mit Wachsen, sondern Sexualdüfte ab und scheiden Giftstoffe zur Verteidigung aus.

Wenn man in ein Exoskelett eingeschlossen ist, so sind der Größe nach oben Grenzen gesetzt: Das Atmungssystem ist so konstruiert (siehe Seite 22-23), daß jenseits eines bestimmten Volumens das Tracheen-Netzwerk nicht mehr leistungsfähig genug ist, um auch die tieferliegenden Gewebeschichten mit Sauerstoff zu versorgen und von Kohlendioxid zu befreien. Auch mechanische

Links: *Die Nymphe einer Sattelschrecke,* Copiphora rhinoceros, *häutet sich nachts im Wald.*

AUF ERFOLGSKURS · 19

Oben: *Die pigmentierten Flügelschuppen, die den Schmetterlingen ihr Muster verleihen, überdecken sich wie Dachziegel. Bei dieser Morphoart aus Südamerika haben die Schuppen keine Pigmente. Dafür streuen die exakt angeordneten Leisten auf den Schuppen das Licht so, daß nur ein eindrucksvolles Metallic-blau reflektiert wird. Dieses Foto zeigt nur einen Ausschnitt einer einzigen Schuppe, von denen jede nicht einmal so groß ist wie der Punkt auf einer Schreibma-schine. Das Bild wurde mit einem Scanner-Elektronen-mikroskop bei 440facher Vergrößerung aufgenommen.*

Links: *Ein männlicher Morphofalter,* Morpho pelaides *(Französisch Guyana), rastet mit ausge-breiteten Flügeln und stellt dabei sein schimmerndes Metallic-blau zur Schau.*

Einschränkungen gibt es: Ein Insekt in der Größe eines Menschen bräuchte ein so dickes Exoskelett, daß kein Platz für innere Organe bliebe!

Trotzdem haben Insekten ein eindrucksvolles Größenspektrum. Die kleinsten sind kleiner als die größeren Einzeller oder Protozoen und die größten sind größer als manche Kleinsäuger. Das in puncto Körpermasse größte Insekt ist der südamerikanische Herkuleskäfer, *Dynastes hercules*, der zweieinhalbmal so schwer wird wie eine Maus. Aber das ist eine Ausnahme. Die überwiegende Mehrheit der Insekten ist viel kleiner. Insekten mögen zwar Größenbegrenzungen unterworfen sein, aber wie wir noch sehen werden, dominieren sie als Lebensform fast alle Landlebensräume: Auf dem Sektor der winzigen bis mittelgroßen Tiere haben sie das Marktmonopol.

DIE BAUTEILE IM EINZELNEN

Der Körper eines erwachsenen Insekts wird in drei Hauptabschnitte unterteilt: in Kopf, Thorax oder Brust und Abdomen oder Hinterleib.

Kopf

Analog zum menschlichen Körper enthält der Kopf das Gehrin, die Augen und die Mundwerkzeuge. Letztere können Kiefer zum Beißen und Kauen sein, oder sie können zu röhrenartigen Strukturen abgewandelt sein, die zum Saugen oder zum Stechen und Saugen dienen.

Der Kopf trägt auch die Geruchsorgane. Eine Nase, wie wir sie kennen, darf man sich darunter allerdings nicht vorstellen. Insekten riechen vielmehr mit den Antennen, einem Fühlerpaar zwischen den Augen. Die Antennen sind sowohl Tast- als auch Geruchssinnesorgane.

Thorax oder Brust

Der Thorax umfaßt drei Segmente: den Prothorax, den Mesothorax und den Metathorax. Er trägt die Flügel, normalerweise zwei Paar, und sechs Beine und ist deshalb zum Großteil von Muskeln ausgefüllt. Der Thorax beherbergt außerdem zusätzliche Speicheldrüsen (auch im Kopf, im Vorderdarm und im Kropf sitzen Speicheldrüsen).

Rechts: Die Aufteilung des Insektenkörpers kann, wie bei dieser Großen Heidelibelle, Sympetrum striolatum, stark vom Grundmuster abweichen: Kopf und Thorax sind hier wuchtig gebaut und das Abdomen erheblich verlängert.

Abdomen oder Hinterleib

In seiner ursprünglichsten Form besteht das Abdomen aus elf Segmenten, aber die meisten neuzeitlichen Insekten haben weniger Segmente, oft weil einige miteinander verschmolzen sind. Das Abdomen enthält den Mittel- und den Hinterdarm, die Malpighischen Gefäße (das Insektenpendant zu unseren Nieren) und die Geschlechtsorgane.

DIE ANATOMIE DER FREMDLINGE: EIN BLICK INS INNERE DES GEHÄUSES

Die Eingeweide von Insekten unterscheiden sich erheblich von den unseren. Es fängt damit an, daß ihre inneren Organe in einem blutgefüllten Hohlraum, dem Haemoceol schwimmen. Ein weiterer wesentlicher Unterschied zwischen ihnen und uns ist, daß sie keine Lungen haben. Außerdem haben sie ein Herz, das sich über die ganze Körperlänge hinzieht und zusammengesetzte Facettenaugen.

Die verschiedenen Organsysteme sind hier zum besseren Erkennen farblich markiert.

Verdauungssystem:
Der Insektendarm ist eine einfache Röhre, bestehend aus Vorder-, Mittel- und Hinterdarm. Speicheldrüsen im Vorderdarm machen die Nahrung gleitfähig. Bei vielen Insekten erweitert sich der Vorderdarm zu einem Kropf, in dem Nahrung vorübergehend gespeichert und zerkleinert werden kann. Im Mitteldarm werden Verdauungsenzyme ausgeschieden, und die meisten Nährstoffe absorbiert. Im Hinterdarm wird die Ausscheidung der festen Abfallstoffe reguliert und den Ausscheidungsprodukten Wasser entzogen.

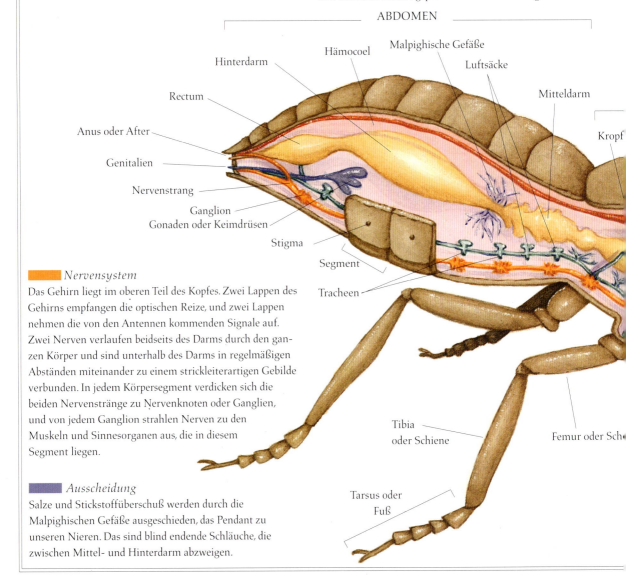

Nervensystem
Das Gehirn liegt im oberen Teil des Kopfes. Zwei Lappen des Gehirns empfangen die optischen Reize, und zwei Lappen nehmen die von den Antennen kommenden Signale auf. Zwei Nerven verlaufen beidseits des Darms durch den ganzen Körper und sind unterhalb des Darms in regelmäßigen Abständen miteinander zu einem strickleiterartigen Gebilde verbunden. In jedem Körpersegment verdicken sich die beiden Nervenstränge zu Nervenknoten oder Ganglien, und von jedem Ganglion strahlen Nerven zu den Muskeln und Sinnesorganen aus, die in diesem Segment liegen.

Ausscheidung
Salze und Stickstoffüberschuß werden durch die Malpighischen Gefäße ausgeschieden, das Pendant zu unseren Nieren. Das sind blind endende Schläuche, die zwischen Mittel- und Hinterdarm abzweigen.

AUF ERFOLGSKURS · 23

■ *Atmung:*

Insekten haben an den Körperseiten eine Reihe Atemlöcher, die Stigmen oder Spiracula. An jedem Stigma öffnet sich alle fünf oder zehn Minuten ein Ventil und läßt Luft in ein Netzwerk feiner Röhren ein. Diese Tracheen verzweigen sich in immer feinere Ästchen, *Tracheolen*, und versorgen alles Gewebe mit Sauerstoff. Die kleinsten Tracheolen sind ein Tausendstel Millimeter fein und liegen so dicht beieinander, daß eine Seidenraupe etwa anderthalb Millionen davon hat. Als Einstülpung der Kutikula wird das Tracheensystem bei jeder Häutung mit abgestreift. Da Insekten die Stigmen meistens geschlossen halten, minimieren sie den Wasserverlust durch Verdunstung und die Gefahr des Austrocknens.

■ *Blutkreislauf:*

Abgesehen von einem röhrenförmigen Herz, das sich der ganzen Länge nach durch den Körper zieht, haben Insekten kein echtes Blutgefäßsystem. Das Blutgefäßsystem besteht im wesentlichen aus einem Hohlraum, dem Haemocoel, in dem alle inneren Organe in Blut schwimmen. Blut (Haemolymphe) tritt über spezielle Ventile (Ostien) längs des Herzrohrs ins Herz ein. Das Herz pumpt das Blut nach vorne Richtung Kopf und Thorax, wo es dann ins Haemocoel zurückfließt und durch die Beine und um die Eingeweide herumgeleitet wird. Das Blut ist meist farblos, aber es kann auch grünlich-gelb sein; es transportiert nicht nur Nährstoffe zu allen Körperteilen, sondern bringt auch die Hormone zu ihrem Bestimmungsort. Das Blut enthält spezielle Zellen, die Krankheitserreger bekämpfen, und andere, die Schäden oder Wunden reparieren. Anders als das Blut von Wirbeltieren enthält das Insektenblut keine Zellen, die mit der Atmung zu tun haben.

Sehen:

Insekten haben große zusammengesetzte Komplexaugen und einfache Augen oder Ocelli, die zwischen den Komplexaugen liegen. Die Komplexaugen bestehen aus Hunderten oder Tausenden von Einzelfacetten, jede mit eigener Linse und eigener Nervenverbindung zum Gehirn.

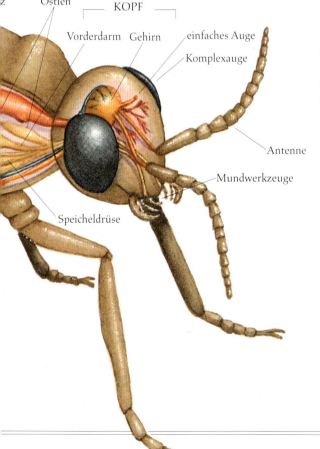

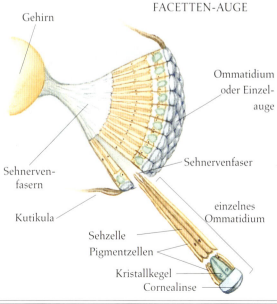

24 · AUF ERFOLGSKURS

Rechts: *Eine Raupe des Schwärmers* Manduca sexta *(USA). Die Bilder unten zeigen computersimulierte Aufnahmen vom Innenleben der Raupe und von einer der Atemporen*

Oben: *Das Innenleben einer Schwärmerraupe. Das lange, rote Rohr ist das Herz, das das Blut nach vorne pumpt; die vier fingerförmigen Fortsätze, die aus der Darmmasse herausragen, sind die Malpighischen Gefäße, die Nieren der Insekten, und die geringelten Röhren sind Tracheen – Atemkanäle –, die Luft von den Poren oder Stigmen aus nach innen in alle Gewebe bringen und Kohlendioxid nach außen leiten. All diese Organe treiben in einem flüssigkeitsgefüllten Hohlraum, dem Hämocoel.*

Oben: *Eine einzelne Atempore oder Stigma in extrem starker Vergrößerung. Jedes Körpersegment hat ein Paar Atemporen, durch die Luft in das komplexe Tracheensystem einströmt, das den ganzen Körper durchzieht. Die Öffnung jeder Pore wird von einem Ventil gesteuert.*

AUF ERFOLGSKURS · 25

INSEKTEN UND EVOLUTION

Rechts: *Libellen haben ihre eigene, einzigartige Methode, Überhitzung zu vermeiden. Hier nimmt die Großlibelle* Trithemis arteriosa *(Kenia) die sogenannte Obeliskenhaltung ein: In Ruhestellung zeigt ihr langes Abdomen direkt zur Sonne, so daß sehr wenig Körperoberfläche der direkten Sonnenbestrahlung ausgesetzt ist.*

Unten: *Siebenpunkt-Marienkäfer,* Coccinella septempunctata *(England), überwintern im Schnee. Diese Marienkäfer haben, wie viele andere Insekten auch, ihren eigenen Gefrierschutz, der ein Vereisen der Körperflüssigkeiten verhindert.*

Es gibt viele Möglichkeiten, als Insekt zu leben – genauer gesagt mindestens eine Million Möglichkeiten, denn ein Naturgesetz besagt, daß jede Tierart ihre eigene, einzigartige Methode hat, ihre Umwelt zu nutzen; jede Spezies hat sich genauestens darauf eingestellt, die Ansprüche und Herausforderungen des Daseins auf ihre Weise zu beantworten. Das strukturelle Grundkonzept, wie wir es kennengelernt haben, ist deshalb unübersehbar vielen Änderungen und Spezialisierungen unterworfen. Mit dem Verhalten sieht es genauso aus.

Einige dieser Anpassungsleistungen sind bizarr. Denken wir nur an den asiatischen Eulenfalter *Lobocraspis griseifusa*, der es sich offenbar abgewöhnt hat, Blütennektar zu trinken. Statt dessen ernährt er sich von der Tränenflüssigkeit der Büffel und Rinder. Und dann dieser andere orientalische Nachtschmetterling *Calpe eustrigata*, der noch einen Schritt weitergegangen ist und seine saugenden Mundwerkzeuge benutzt, um die Haut von Säugetieren zu durchbohren und ihr Blut zu trinken. Aus ökologischer Sicht ist er zur Stechmücke geworden.

Insekten haben Methoden entwickelt, auch mit extremen Temperaturen zurechtzukommen. Grillenschaben, *Grylloblattidae*, entfernte Verwandte der Grillen, leben auf den Schneefeldern der Hochgebirge, oft sogar in Eishöhlen. Sie kommen nur im Westen der Vereinigten Staaten und im Himalaya vor und ernähren sich von angewehten Insekten, die an Unterkühlung zugrundegegangen sind. Diese kälteunempfindlichen Insekten produzieren ihr eigenes Frostschutzmittel Glycerol. Es verhindert, daß sich Eiskristalle in ihrer Körperflüssigkeit bilden und ermöglicht es ihnen, auch bei niedrigen Temperaturen, die für andere Tiere tödlich wären, aktiv zu bleiben. Viele Insekten, darunter auch die besser bekannten Marienkäfer, können sich mit dieser Methode gegen Frost schützen.

Das andere Extrem sind die Larven der afrikanischen Mücke *Polypedilum vanderplanckii*. Sie leben in Pfützen, die leicht austrocknen – und sie selbst können notfalls jahrelang totale Austrocknung überleben. Wenn sie in Wasser eingeweicht werden, erwachen sie schnell wieder zum Leben.

Derartige Superspezialisationen kommen häufig vor. Weniger häufig ist extreme Flexibilität, wie sie sich bei einer kleinen Buckelfliege namens *Megaselia scalaris* beobachten läßt. Die Larven ernähren sich von einer Vielfalt verrottender organischer Materie, aber sie haben sich auch schon ganz fidel mit einer Diät aus Schuhcreme, Emulsionsfarbe oder menschlichen Leichnamen

Insekten, die in extremen Wüsten leben, müssen sich vor Austrocknung und der gefährlichen UV-Strahlung schützen. Dieser Schwarzkäfer, Cauricara eburnea (Namibia), hat reflektierende Flügeldecken, die ihn zudem auf dem Quarzschotter gut tarnen.

entwickelt, die in Formalin eingelegt waren. Es kommt einem fast tollkühn vor, daß sich diese Larven nun auch noch in den Lungen japanischer Universitätsstudenten angesiedelt haben, wie man herausfand.

Dieses Buch handelt von vielen Verhaltens- und Strukturanpassungen der Insekten. Wie können wir dieses ständig wiederkehrende Lied von der Vielfalt durch Spezialisation erklären? Die moderne Biologie erklärt Vielfalt, indem sie die natürliche Selektion ins Feld führt, einen oftmals mißverstandenen Prozeß.

In seinem Buch »The Origin of Species«, veröffentlicht im Jahre 1859, begründete Darwin den Begriff der natürlichen Selektion. Er definierte sie ziemlich rätselhaft als »survival of the fittest«. Viele Leute dachten nun, daß er mit »fittest« die physische Stärke oder Fitness im athletischen Sinn des Wortes meinte. Was aber Darwin in Wirklichkeit damit sagen wollte: In einer Population aus artgleichen Lebewesen mit großer Variationsbreite werden sich einige Individuen besser als andere mit den Anforderungen der Umwelt auseinandersetzen und besser mit anderen Organismen konkurrieren. Diese Individuen, die tüchtiger im »Lebenskampf« sind, wie Darwin ihn nannte, bekommen im Durchschnitt mehr Nachwuchs als weniger tüchtige. Wenn man also davon ausgeht, daß die überlegenen Eigenschaften vererbt werden, müßte mit der Zeit der Anteil der tüchtigeren Individuen in der Population anwachsen. In seiner Einführung zu »The Origin of Species« erklärte Darwin es folgendermaßen:

> »Da viel mehr Einzelwesen jeder Art geboren werden, als leben können, und da infolgedessen der Kampf ums Dasein dauernd besteht, so muß jedes Wesen, das irgendwie vorteilhaft von den anderen abweicht, unter denselben komplizierten und oft sehr wechselnden Lebensbedingungen bessere Aussicht für das Fortbestehen haben und also von der Natur zur Zucht ausgewählt werden.«

Der vierten Auflage seines Buches, veröffentlicht im Jahre 1869, fügte Darwin eine Textstelle an, um zu erklären, was natürliche Selektion *nicht* war, denn seine Kritiker hatten ihn weitgehend mißverstanden. Natürliche Selektion war nicht die Ursache für Variabilität innerhalb einer Art, noch war sie eine schöpferische Kraft, die als Werkzeug im Auftrag der Gottheit wirkte. Einige Leute hatten fälschlicherweise angenommen, daß Darwin mit dem Begriff natürliche Selektion eine bewußte Wahl seitens der Tiere andeutete. Hätten seine Kritiker ihn nur sorgfältiger gelesen, dann hätten sie diese Schwierigkeiten nicht gehabt.

Dennoch war Darwins Theorie nicht völlig zufriedenstellend: Es fehlte etwas. Sein ganzer Fall stützte sich darauf, daß in aufeinanderfolgenden Generationen die individuelle Variation ein ständig wiederkehrendes Phänomen war. Diese Variation ist zwar eine augenfällige Tatsache – Kinder derselben Eltern können verschiedene Augenfarbe, Haarbeschaffenheit und Körpergestalt haben – aber die aktuelle Biologie hatte damals keinen Vererbungsmechanismus zu bieten, der ihre Existenz erklären konnte. In der Tat hatten Darwin und seine Zeitgenossen Ansichten über Vererbung, die nicht zur Theorie der natürlichen Selektion paßten. Sie glaubten, daß bei Arten, die sich sexuell fortpflanzten, jeder Nachkomme eine Verschmelzung der Eigenschaften darstelle, die er von den Eltern geerbt hatte. Eines wurde Darwin bald klar: Wenn sich das Erbgut wirklich vermischte, dann müßten die Populationen irgendwann einheitliche Eigenschaften haben. Über das Problem der Vererbung und der individuellen Variation sollte sich Darwin für den Rest seines Leben den Kopf zerbrechen.

Welch eine Ironie des Zufalls, daß ausgerechnet jene Forschungsarbeit, die Darwins Ausführungen hätte klären können, im Jahre 1856 begonnen und im Jahre 1866 veröffentlicht wurde, genau in dem Jahrzehnt, in dem die ersten vier Auflagen von Darwins »Origin of Species« erschienen.

Gregor Mendel, ein mährischer Mönch, arbeitete im Garten des Augustinerklosters von Brno, später in Österreich, und studierte dabei die Vererbung bestimmter Eigenschaften bei der Gartenerbse. Durch eine Reihe elegant angelegter Zuchtversuche zeigte er, daß individuelle Eigenschaften wie die Farbe und Beschaffenheit des Samenkorns mittels einzelner »Faktoren« vererbt werden, die getrennt in den Geschlechtszellen vorliegen und von einer Generation zur nächsten weitergegeben werden. Bei Pflanzen sind diese Geschlechtszellen die Pollenkörner (männlich) und die Samenanlagen (weiblich), das Pendant zu Sperma und Eiern bei Tieren. In ihrer Gesamtheit werden Geschlechtszellen Gameten genannt.

Links: *Die langen Beine halten den Körper dieses Sandlaufkäfers der Gattung* Cicindela *(Florida) vom glühendheißen Sand fern.*

Nächste Seite: *Schützende Ähnlichkeit mit einem bemoosten Zweig gehört zur Verteidigungsstrategie dieser Regenwald-Laubheuschrecke der Gattung* Championica *(Costa Rica).*

Die »Erbfaktoren« wurden später Gene getauft, und Forscher wiesen nach, daß es sich dabei um Materieteilchen handelte, die auf Fäden, sogenannten Chromosomen, etwa so angeordnet sind wie Perlen auf einer Halskette. Diese Chromosomen finden sich im Zellkern jeder Körperzelle. Wir wissen jetzt, daß ein Chromosom aus einem Fadenpaar besteht, und daß von jedem Elternteil ein solcher Faden stammt. Die Gene, die darin enthalten sind, kodieren sämtliche vererbliche oder genetische Information, die von einer Generation zur nächsten weitergegeben wird.

Die Zahl der Chromosomen in Tier- und Pflanzenzellen ist für jede Art charakteristisch. Wir Menschen haben 46 Chromosomen und die Hausfliege hat 12. Die Chromosomenzahl bleibt also von einer Generation zur anderen konstant. Auf den ersten Blick wirft das ein Problem auf: Wenn ein Ei befruchtet wird, verbindet sich das genetische Material beider Eltern und bildet das neue Individuum, so daß offensichtlich die Zahl der Chromosomen verdoppelt wird. Wenn das in jeder Generation passieren würde, müßte die Menge des genetischen Materials mit der Zeit geometrisch anwachsen.

In Wirklichkeit durchlaufen die Zellen, die schließlich zu Sperma oder Eiern werden, eine besondere Art der Teilung (die sogenannte Meiose), in der die

EIER: DER ERSTE ÜBERLEBENSBUNKER

Insekteneier sind durch eine Hülle aus der Wundersubstanz Chitin geschützt. Die Vielfalt an Eiformen ist verblüffend und kommt fast dem Formenreichtum der erwachsenen Insekten gleich.

Im Vergleich zu den Eiern der Amphibien, Reptilien und Vögel erscheinen Insekteneier zwar zwergenhaft, aber selbst die kleinsten Insekteneier sind viele tausend Mal größer als menschliche Eizellen.

Insekten legen Eier an allen möglichen Stellen ab, und jedes Ei paßt zu seinem Lebensraum. So tragen die Eier von Wasserinsekten eine Schale mit einer komplizierten Mikrostruktur, dem sogenannten Plastron, mit dessen Hilfe das Ei unter Wasser atmen kann. Viele Eier haben eine höchst elegante Feinstruktur. Schmetterlinge legen Eier mit einem Muster aus Stützrippen und -taschen, das ihnen das Aussehen winziger Handgranaten verleiht.

Wie auch immer die strukturellen Feinheiten aussehen mögen, eine Eierschale hat vor allem eine Funktion: Sie muß den heranwachsenden Embryo vor Temperaturextremen, vor Austrocknung und allzu viel Feuchtigkeit schützen.

Links: *Dieses Bild, mit einem Elektronenmikroskop mit Scanner in 80facher Vergrößerung aufgenommen, zeigt die wunderschöne Feinstruktur eines Schmetterlingseis, wie sie für viele Insekteneier typisch ist.*

Menge des genetischen Materials halbiert wird: Jedes Chromosomenpaar wird in seine beiden Teile geteilt; ein Strang wandert in eine der beiden bei der Teilung entstehenden Zellen, der zweite geht in die andere. Das Spermium oder Ei hat also nur halb soviel genetisches Material wie »normale« Zellen; man nennt das *haploid*. Normale Zellen mit dem vollen Chromosomensatz heißen *diploid*.

Während dieser Reduktionsteilung tauschen mütterliche und väterliche Chromosomen Gene aus. In dem Prozeß, der zur Erzeugung von Sperma und Eiern führt, werden also die Genkombinationen neu gemischt, so daß jedes daraus entstehende Spermium oder Ei ein einzigartiges genetisches Profil hat: Keine zwei Spermien oder Eier vom selben Elternteil haben identische Gensätze. Und darin liegt auch ein Teil der Antwort auf Darwins Dilemma: Wie kann man erklären, daß die Individuen einer Art stets unterschiedlich sind?

Das Phänomen Sexualität beantwortet die noch offenen Fragen: Wenn ein Spermium ein Ei befruchtet, verschmelzen die beiden Zellkerne miteinander, so daß jedes Chromosom sein Gegenstück vom anderen Geschlecht findet und der normale, diploide Chromosomensatz wiederhergestellt ist.

Der ganze Prozeß der Werbung und Paarung bei Tieren und der Befruchtung bei Pflanzen ist darauf ausgerichtet, die Chromosomen der beiden Geschlechter

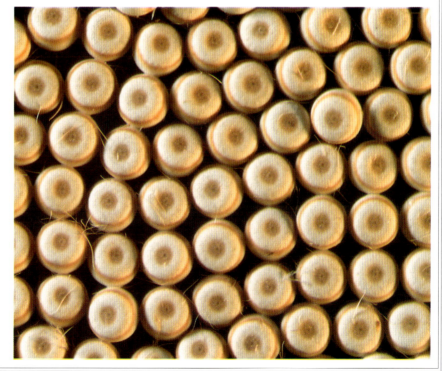

Rechts: *Das Gelege eines Schlehenspinners,* Orgyia antiqua *(England). Das Weibchen bleibt nach dem Schlüpfen auf seinem Kokon sitzen, verpaart sich, legt an Ort und Stelle seine Eier und stirbt bald darauf.*

Links: *Die Aufsicht auf das Ei eines sogenannten Wasserskorpions* Nepa cineraria, *aufgenommen in 60facher Vergrößerung mit einem Elektronenmikroskop mit Scanner. Auf dem Bild sind die sieben fadenförmigen Atemanhänge zu sehen, die zusammen das Plastron bilden – eine Art Kiemen, mit deren Hilfe das Ei Sauerstoff aus dem Wasser bekommt.*

Die helle Form des Birkenspanners Biston betularia *(England) ist gut getarnt, wenn der Falter auf seinem normalen Untergrund, auf flechtenbewachsener Rinde sitzt.*

zusammenzuführen. Jeder Nachkomme bekommt also von jedem Elternteil genau die Hälfte seiner genetischen Information, die Blaupause für Entwicklung und Überleben. Das führt in jeder Generation zu einer Neukombination der Gene und ist die Grundlage für die Einzigartigkeit jedes Individuums. Mit Ausnahme eineiiger Zwillinge, die aus einem geteilten, bereits befruchteten Ei entstehen, sind keine zwei Nachkommen derselben Eltern genetisch identisch. Das trifft für alle sich sexuell fortpflanzenden Organismen zu, auch für Insekten und Menschen.

Mendels Arbeit beweist, daß sich einzelne Faktoren oder Gene vererben und weil sie eine Erklärung dafür anbietet, wie es zu Variationen kommt – Variationen, die dann der natürlichen Selektion ausgesetzt sind.

Mittlerweile ist der Prozeß der natürlichen Selektion durch Beobachtungen und Experimente bestens belegt, also was genau ist natürliche Selektion und wie funktioniert sie?

Einer der überzeugendsten experimentellen Beweise für natürliche Selektion begann lange, bevor Darwin sein Buch »The Origin of Species« veröffentlichte. Das Experiment wurde nicht im Labor durchgeführt, sondern in der zunehmend verschmutzten Landschaft des viktorianischen England; und der Versuchsleiter war kein Wissenschaftler im weißen Laborkittel sondern – ganz aus Versehen – die Industrielle Revolution.

Der Birkenspanner, *Biston betularia*, ist ein heller Schmetterling mit einem Flügelmuster aus feinen, schwarzen Tupfen und Bändern auf weißem Grund. Im Jahre 1848 fiel Schmetterlingsjägern in der Gegend um Manchester eine schwarze oder melanistische Form von *B.betularia* auf, die sie passenderweise *Carbonaria* nannten. Sieben Jahre später war diese Form so häufig geworden,

AUF ERFOLGSKURS · 35

Links: *Auf dunkler, flechtenloser Rinde in Gebieten mit hoher Luftverschmutzung ist die helle Form von* Biston betularia *eine auffällige Erscheinung.*

Unten: *Die schwarze Mutante des Birkenspanners mit dem Beinamen* carbonaria *war auf den hellen, flechtenbewachsenen Stämmen schlecht getarnt, fiel Vögeln leicht zum Opfer und kam nur selten vor – bis die industrielle Luftverschmutzung im England des 19.Jahrhunderts die Flechten abtötete.*

daß einige Populationen zu 98 Prozent aus der melanistischen Form *Carbonaria* bestanden. Der Birkenspanner legt nur einmal im Jahr Eier, der Wechsel zu *Carbonaria* vollzog sich also extrem schnell.

B.betularia fliegt nachts umher und läßt sich tags an schattigen Flecken nieder, zum Beispiel auf der Unterseite von Ästen oder unterhalb der Stelle, wo ein Ast aus dem Stamm entspringt. Dort ruht der Spanner dann mit ausgebreiteten Flügeln. In unverschmutzten Gebieten sind Bäume meistens von rauhen, blaßgrauen Flechten bewachsen. Auf diesem Untergrund ist *B.betularia* gut getarnt und vor dem Zugriff von Vögeln geschützt.

Weil Flechten sehr empfindlich auf Luftverschmutzung reagieren, verschwanden sie bald aus Industriegebieten und aus der Landschaft im Windschatten der großen Schlote. Die Bäume verloren ihren Flechtenüberzug und wurden schwarz. Vor diesem Untergrund hob sich die normale, hell gefärbte Form von *B.betularia* überdeutlich ab und wurde zur leichten Beute der Vögel. In der Zeit vor der Industriellen Revolution war *Carbonaria*, die schwarze Form, eine sehr seltene Mutante gewesen, so selten sogar, daß Schmetterlingsjäger sie nie gefunden hatten: Vögel hatten *Carbonaria* mit Leichtigkeit auf den hellen, flechtenbewachsenen Ästen entdeckt.

Mit anderen Worten: Die melanistische Form des Birkenspanners hatte einen selektiven Nachteil in unverschmutzten Gebieten, und insektenfressende Vögel waren die Werkzeuge dieser Selektion. Die Form war selten, weil sie einem enormen Selektionsdruck ausgesetzt war.

Mit dem Beginn der Industriellen Revolution wendete sich das Blatt. Plötzlich erfreute sich *Carbonaria* eines selektiven Vorteils, und die normale Form war im Nachteil, weil sie jetzt auf den geschwärzten, flechtenlosen Bäumen

ZWEI WEGE VOM EI ZUM INSEKT

Bei den ursprünglichen Insekten schlüpft aus dem Ei eine Larve oder Nymphe, die wie eine Kleinausgabe des erwachsenen Tieres aussieht, nur daß sie keine Flügel hat und die Geschlechtsdrüsen noch nicht entwickelt sind.

Die Entwicklung verläuft in mehreren Stadien, die jeweils mit einer Häutung der Kutikula abschließen. Das Größenwachstum findet statt, während die neue Kutikula noch weich ist. Mit jeder weiteren Häutung kommen mehr Merkmale des erwachsenen Insekts zum Vorschein. Von Insekten mit dieser stufenweisen Entwicklung sagt man, sie durchlaufen eine unvollständige Metamorphose; man nennt sie hemimetabol (aus dem Griechischen: hemi- = halb, metabole = Umsturz, Veränderung). Die Jugendstadien leben meistens in ähnlichen Lebensräumen wie die Erwachsenen und fressen ungefähr dasselbe wie sie. Bekannte Insekten mit diesem Entwicklungsschema sind Schaben, Heuschrecken und Ohrwürmer.

Die höherentwickelten Insekten durchlaufen eine vollständige Metamorphose: Aus den Eiern schlüpfen Larven, die den erwachsenen Tieren nicht ähneln und sich von ihnen oft in Nahrung und Lebensraum unterscheiden. Solche Insekten heißen holometabol (aus dem Griechischen: holos = ganz, vollständig). Die Larven machen während ihres Wachstums eine Reihe von Häutungen durch und werden dann zur Puppe. Im Puppenstadium werden fast sämtliche Körpergewebe der Larve »aufgeschmolzen« und wieder zum erwachsenen Insekt zusammengesetzt; nur das Nervensystem und ein Teil des Darms bleiben relativ unverändert. Puppen sind naturgemäß gefährdet. Insektenlarven im letzten Entwicklungsstadium suchen sich deshalb einen sicheren Fleck zum Verpuppen. Die Raupen (Larven) der meisten Nachtfalter spinnen sich noch als Schutz einen Seidenkokon. Bekannte Insekten mit dieser Entwicklungsvariante: Schmetterlinge, Bienen und Wespen (siehe Seite 39).

Links: *Eine Zikadennymphe häutet sich nachts in einem Wald der gemäßigten Klimazone Südafrikas.*

Rechts: *Die Häutung geschieht hormongesteuert. Die Kutikula besteht aus vier Schichten (1) Zuerst wird die alte, ungehärtete Endokutikula abgebaut und resorbiert (2), dann wird eine faltige, neue Schicht Epikutikula angelegt (3), wobei die Falten eine spätere Ausdehnung unter einer Schicht Häutungsflüssigkeit (im Bild gelbe Schicht) berücksichtigen (4). Unter der neuen Epikutikula bildet sich eine Schicht Protein-Chitin-Lamellen (3,4). Dann reißt die äußere, ältere Kutikula an Sollbruchstellen (5) und das Insekt windet sich aus seinem alten Skelett.*

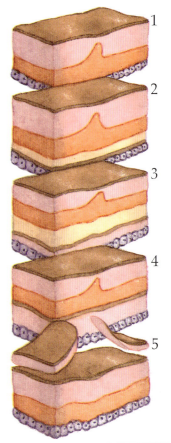

VOLLSTÄNDIGE METAMORPHOSE: DER AMERIKANISCHE SCHWALBENSCHWANZ

1) Ei und Jungraupe von Papilio polyxenes *(USA)*. Die Raupe imitiert Vogelkot.

2) Eine ältere Raupe frißt an ihrer Futterpflanze Dill.

3) Eine Raupe bei der Häutung.

4) Diese Raupe hängt, sich vor der Verpuppung in einen Gürtel aus zwei Seidenfäden.

5) Die Puppe hängt am seidenen Faden des letzten Raupenstadiums. Körpergewebe der Larve wird zu den Strukturen des erwachsenen Insekts neu zusammengesetzt.

6) Das fertige Insekt arbeite, sich aus der Puppenhülle heraus und...

7) ...entfaltet seine Flügel, indem es Blut in die Adern pumpt.

8) Doch bevor der frischgeschlüpfte Schwalbenschwanz zum ersten Flug aufbricht, ruht er sich mit zusammengelegten Flügeln aus.

*Ein Ofenfischchen
Thermobia domestica
(England), ein flügelloses
Urinsekt. Es heißt so, weil es
an heißen, trockenen Orten
überleben kann. Oft haust
es in Spalten hinter der
Kaminummauerung und
hinter Kochherden.*

ins Auge fiel. Natürlich bevorzugten die Vögel nicht bewußt ein bestimmtes Farbmuster des Spanners. Sie fingen einfach die Schmetterlinge, die sie sahen.

Die schwarze Farbe von *Carbonaria* wird von einem einzigen Gen kontrolliert. Die natürliche Selektion in Gestalt beutemachender Vögel ließ dieses Gen in Populationen verschmutzter Gegenden häufiger werden. Als die Politik der Luftreinhaltung in den Industriegebieten Nordenglands zu greifen begann, zeigten sich wieder Flechten auf den Bäumen und die normalen, hell gefärbten *Biston betularia* wurden wieder häufiger. Unter gewissen Umständen können die Auswirkungen der natürlichen Selektion umgekehrt werden.

Evolution ist also der Prozeß, durch den natürliche Selektion die Häufigkeit von Genen in Populationen verändert. Er führt zu strukturellen und physiologischen Veränderungen und zu veränderten Verhaltensweisen.

Wir haben ein sehr einfaches Beispiel für natürliche Selektion vorgestellt: Hier wirkt die Selektion mittels eines einzigen Agens auf einen einzigen Aspekt eines Insektenlebens. Aber die Selektion bedient sich vieler verschiedener Kräfte in der Umwelt, und sie beeinflußt nicht nur die Erscheinung, sondern all die vielschichtigen Aspekte des Verhaltens und der Struktur und die normalerweise unsichtbaren Prozesse der Entwicklung und Physiologie. Auf diese Weise entstanden im Labor des Lebens all die perfekt abgestimmten, hochentwickelten Anpassungen der Insekten und ihre riesige Artenvielfalt.

Aber Selektion wirkt nicht nur kreativ, sondern auch bewahrend: Drastische Abweichungen von, sagen wir mal, den grundlegenden physiologischen Funktionen ist wahrscheinlich von Nachteil.

TRIUMPH DER VIELFALT

Die Klasse der Insekten, Insecta, wird in zwei Unterklassen aufgeteilt: die *Apterygota* (die flügellosen Insekten) und die *Pterygota* (die Fluginsekten). Einige Insektenordnungen durchlaufen eine unvollständige Verwandlung (Metamorphose), während andere eine vollständige Verwandlung durchmachen. Die Ordnungen sind in der Tafel gegenüber aufgeführt. Die hier vorgestellten Zahlen sind natürlich eine grobe Unterschätzung. Sie sind lediglich ein Hinweis auf die Zahl der Insektenarten, die bisher offiziell beschrieben worden sind. Jedes Jahr werden etwa 7 000 neue Arten beschrieben, besonders Käfer, Fliegen und parasitische Wespen. Traurigerweise dürften heute durch Habitatzerstörung, besonders der Tropenwälder, jedes Jahr mehr unerforschte Arten aussterben, als in derselben Zeit entdeckt werden.

Nachdem man auf tropischen Bäumen repräsentative Proben gesammelt hatte, mußten die Schätzzahlen der Insektenarten nach oben korrigiert werden: Vermutlich leben auf der Erde nicht rund eine, sondern 15 bis 30 Millionen Insektenarten!

DAS SYSTEM DER INSEKTEN

Unterklasse Apterygota (flügellose Insekten)

Ordnung	Populärname	Artenzahl
✳ Archaeognatha	Felsenspringer	250
✳ Thysanura	Borstenschwänze	330

Unterklasse Pterygota (Fluginsekten)

Ordnung	Populärname	Artenzahl
✳ Odonata	Libellen	5 000
✳ Ephemeroptera	Eintagsfliegen	2 000
✳ Blattodea	Schaben	3 500
✳ Isoptera	Termiten	2 230
✳ Mantodea	Fangschrecken	1 800
✳ Zoraptera	Bodenläuse	22
✳ Dermaptera	Ohrwürmer	1 200
✳ Grylloblatodea	Grillenschaben	20
✳ Plecoptera	Steinfliegen	3 000
✳ Orthoptera	Geradflügler	20 000
✳ Phasmatodea	Gespenstschrecken	2 500
✳ Embioptera	Fersenspinner	200
✳ Psocoptera	Staubläuse	3 000
✳ Phthiraptera	Tierläuse	3 150
✳ Hemiptera	Schnabelkerfe	67 500
✳ Thysanoptera	Fransenflügler	5 000
✳ Megaloptera	Schlammfliegen	300
✳ Neuroptera	Netzflügler	5 000
✳ Coleoptera	Käfer	300 000
✳ Strepsiptera	Fächerflügler	350
✳ Diptera	Fliegen	250 000
✳ Trichoptera	Köcherfliegen	7 000
✳ Lepidoptera	Schmetterlinge	150 000
✳ Hymenoptera	Hautflügler	200 000
Gesamt:		*1 033 352*

✳ Ordnungen mit unvollständiger Metamorphose
✳ Ordnungen mit vollständiger Metamorphose

2

PERFEKTE ROBOTER

Präsent mit allen Sinnen

Mit ihren langen Antennen kann diese weibliche Laubheuschrecke der Gattung Acrometopa *(Korfu) in Hohlräumen und unter Blättern nach Nahrung stöbern.*

Insekten sehen, schmecken, riechen und fühlen wie wir auch. Viele können hören und alle nehmen Erschütterungen wahr. Aber sie können noch viel mehr: Sie haben ihre eigene Systemuhr, ihren Magnetkompaß und ihr Gyroskop (Gerät zur Untersuchung von Kreiselbewegungen, d.Übers.).

Ihre Sinnesorgane arbeiten ganz anders als die unseren. Und die Art und Weise, wie Informationen von diesen Sensoren verarbeitet werden, läßt jeden Computer-Spezialisten vor Neid erblassen.

Insekten, diese Meister des Kleinstformats, komprimieren all ihre Verarbeitungskapazität in ein winziges Gehirn, in einen vorprogrammierten Bordcomputer. Je nach Insektenart kann dieses Gehirn aus nur ein paar tausend oder auch aus knapp über einer Million Zellen bestehen. (Zum Vergleich: Ein menschliches Gehirn hat hunderte Milliarden von Zellen.) Ein Computer mit der Verarbeitungskapazität eines Insektengehirns – wenn wir mal annehmen, wir könnten so etwas bauen – wäre so groß wie ein kleines Hochhaus, vielleicht sogar noch größer, wenn wir das erforderliche Kühlsystem einbeziehen würden.

SEHEN

Bis zu 80 Prozent des Insektengehirns verarbeiten Informationen von den Augen und Antennen. Das ist nicht weiter überraschend, weil bei vielen Insekten, besonders bei Fliegen und Libellen, die Augen enorm groß sind und den größten Teil des Kopfes einnehmen.

Insekten haben zwei Arten von Augen: Einfache Augen, die sogenannten Ocellen (aus dem lateinischen: ocellus = Äuglein), und ein Paar zusammengesetzter Komplexaugen. Normalerweise haben sie drei Ocellen, die, in einem Dreieck angeordnet, entweder oben auf dem Kopf, zwischen oder vor den Komplexaugen sitzen. Jeder Ocellus hat eine gekrümmte transparente Linse, die von der Kutikula gebildet wird. Ocellen nehmen kein Bild wahr. Dafür reagieren sie empfindlich auf Schwachlicht und auf leichte Änderungen in der Lichtintensität, und sie verbessern die Lichtwahrnehmung durch die Komplexaugen. Ocellen nehmen auch sensibel die Veränderung der Lichtintensität im Verlauf eines Tages wahr. Wahrscheinlich besteht hier ein Zusammenhang mit dem Zeitgefühl der Insekten.

Die Komplexaugen sind die eigentlichen Sehorgane, sie erstellen ein Bild von der Welt. Aber sie unterscheiden sich erheblich von unseren Augen. Ein Komplexauge besteht aus Tausenden winziger, sechseckiger Einheiten, sogenannter Ommatidien. Jedes Ommatidium hat eine kutikuläre Linse, die das Licht in einen langen darunter gelegenen Lichtkanal leitet. Das Licht trifft auf lichtempfindliche Nervenzellen, und jedes Ommatidium erzeugt im Gehirn sein eigenes Bild.

Dieses Bild sieht allerdings ganz anders aus als unser Bild von der Welt. Ein

Dank ihrer riesigen Augen, die oben am Kopf zusammenstoßen, hat diese Pferdebremse, Tabanus unilineatus *(Kenia), praktisch Rundumsicht.*

Insekt kann nicht so hoch aufgelöst sehen wie wir. Dafür nimmt das Komplexauge sehr sensibel Kontraste, Muster und Formen als Ganzes wahr. Und es reagiert extrem empfindlich auf Bewegungen, weil jedes Ommatidium einen so engen Blickwinkel hat: Für einen Sekundenbruchteil wird ein bewegtes Objekt von einem Ommatidium abgebildet, dann stimuliert es die benachbarten Ommatidien und so weiter. Je schneller sich ein Objekt über das Gesichtsfeld des Insekts bewegt, desto klarer wird es registriert. Für ein fliegendes Insekt bedeutet das also, daß sich ein Objekt um so schneller bewegt, je näher es ist.

Ein Komplexauge ist nicht zuletzt ein bemerkenswert sensibler Bewegungs- und Entfernungsdetektor, und genau das braucht ein fliegendes Insekt. Wann ist es Ihnen zum letzten Mal gelungen, eine Fliege mit der Hand zu fangen?

Ein sitzendes Insekt nimmt Bewegung genauso sensibel wahr und kann augenblicklich reagieren, wobei Fliegen, einige Schmetterlinge und manche Bienenarten besonders schnell sind. Nur die gedankenschnelle Zunge eines Chamäleons ist diesen Insekten ebenbürtig.

Das menschliche Auge nimmt 25 Einzelbilder pro Sekunde nicht mehr als Flimmern sondern als kontinuierliches Bild wahr; manche Insektenaugen können noch 100 Einzelbilder pro Sekunde erkennen. Schnellfliegende Insekten wie Fliegen haben diese Fähigkeit entwickelt, um im hohen Tempo durch eine komplex strukturierte Umwelt fliegen zu können – Situationen, mit denen kein menschlicher Pilot mehr zurechtkäme.

44 · PERFEKTE ROBOTER

Unten: *Nur ein paar der sechseckigen Facetten, aus denen sich zu Tausenden die Oberfläche eines Fliegen-Komplexauges zusammensetzt.*

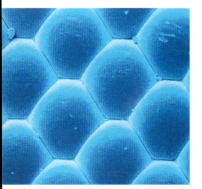

(Elektronenmikroskopaufnahme mit Scanner in 270facher Vergrößerung)

Rechts: *Insekten im Flug erbeuten – das ist die Stärke von Libellen wie dieser* Orethrum julia *(Kenia); riesige Augen mit unzähligen Facetten sind deshalb lebenswichtig.*

PERFEKTE ROBOTER · 45

Fliegende Insekten haben spezielle »Kanten«-Detektoren im Gehirn: Sie reagieren sensibel auf senkrechte Ränder, die sich auf ihrem Flug in ihr Gesichtsfeld schieben. Wenn diese Ränder aus der Senkrechten kippen, korrigiert das Insekt seine Haltung, bis es die Kante wieder als senkrecht registriert. Das Insekt kann also, genau wie das neueste Passsagierflugzeug mit Autopilot, ständig seine Flughaltung berichtigen. Insekten konnten das allerdings schon, lange bevor die Dinosaurier auftauchten.

Bei vielen Insekten überschneiden sich die Gesichtsfelder der beiden Komplexaugen, so daß sie vorne in einem gewissen Bereich dreidimensional sehen. Sehr häufig findet man dieses Stereosehen bei Insekten wie Libellen, Gottesanbeterinnen und Pferdebremsen, die mit ihren riesigen Augen volle Rundumsicht haben. Der Bordcomputer kann demnach verschiedene Arten visueller Informationen gleichzeitig verarbeiten. Da aber das Insektenauge nicht so detaillierte Bilder auflösen kann wie unsere Augen, wird das Gehirn nicht mit unwichtigen Informationen überfrachtet.

Eine weitere beachtliche Sehleistung von Insekten ist ihre Fähigkeit, die Schwingungsebene von polarisiertem Licht zu erkennen. Die Erdatmosphäre polarisiert die Sonnenstrahlen, so daß sie in einer bestimmten Richtung schwingen. Weil Insekten imstande sind, diese Schwingungsrichtung wahrzunehmen, können sie die Sonne als Navigationshilfe benutzen, sogar dann, wenn sie bei wolkigem Himmel nicht direkt zu sehen ist. Besonders wichtig ist diese Fähigkeit für wandernde Insekten und für nestbauende Arten wie Wespen, Ameisen und Bienen, die ihren Weg zurück zum Nest finden müssen.

Viele Insekten können Farben wahrnehmen. Sie sehen Farben etwa so wie wir, aber ihre Farbempfindlichkeit ist zum blauen Bereich des Farbspektrums hin verschoben: Sie können zwar UV-Licht sehen, sind aber – von wenigen Ausnahmen abgesehen – praktisch blind für den Rotbereich des Farbspektrums. Wie wir noch sehen werden, machen sich viele Pflanzen diese Sensibilität der Insekten für UV-Licht zunutze.

RIECHEN UND SCHMECKEN

Insekten haben einen hochempfindlichen Geruchssinn. Mit Hilfe der Fühler oder Antennen, den wichtigsten Riechorganen, kann ein Nachtschmetterlingsmännchen den Geruch eines Weibchens aus einer Entfernung von mehreren Kilometern wahrnehmen. Fleischfliegen und Aaskäfer können Aas über ähnliche Entfernungen aufspüren. Und wie wir noch sehen werden, setzen viele Insekten Düfte – manchmal auf sehr komplizierte Art und Weise – als Kommunikationsmittel ein. Die Sensoren der Antennen sind darauf eingerichtet, gasförmige Moleküle wahrzunehmen. Zwar können Insekten bisweilen selbst feinste Duftspuren aufspüren, aber das Repertoire der Gerüche, die sie

Rechts: Verzweigte Antennen vergrößern die aufnahmefähige Oberfläche und verbessern damit den Geruchssinn dieser Gottesanbeterin der Gattung Vates (Trinidad).

FEDERANTENNEN

Wie alle Insektenorgane, so sind auch die Geruchsorgane hochmodifizierte kutikuläre Gebilde. Das grundlegende Sensorelement der Antenne ist ein mikroskopisch kleines Haar, eine stiftartige Struktur, das sogenannte Sensillum (siehe Zeichnung rechts). Dieses Sensillum ist auf seiner ganzen Oberfläche von vielen winzigen Poren durchlöchert, die zwischen 10 und 15 tausendstel Millimeter Durchmesser haben. Hinter dem Eingang zu jeder Pore liegt eine winzige, mit einer Membran ausgekleidete Kammer, der Porenkessel. Die Membran ist ihrerseits von vielen kleinsten Poren durchlöchert, und jede dieser Poren führt über eine hauchfeine Röhre zu einer empfindlichen, elektrisch geladenen Membran, die mit vielfach verästelten Nerven verbunden ist.

Die Sensillen eines Insekts arbeiten folgendermaßen: Zunächst fangen sie gasförmige Moleküle in den Porenkesseln; die Moleküle wandern per Mikroröhrchen zur elektrisch polarisierten Membran am anderen Ende und lösen

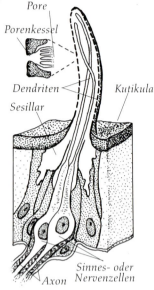

Unten: *Tausende von Sinneshärchen auf den Federantennen eines Nachtfaltermännchens (120fach vergrößert) durchkämmen die Luft nach Duftmolekülen. Faltermännchen können die »Duftsender« – ihre Weibchen – auch über große Entfernungen aufspüren.*

Oben: *Längsschnitt durch ein vielporiges Sinneshaar (Sensillum) aus der Antenne eines Nachtfaltermännchens. Duftmoleküle werden im Porenkessel erfaßt und von den Dendriten wahrgenommen (Dendriten heißen die langen, feinen Ausläufer der Nervenzellen unter der Kutikula).*

Links: *Die vielfach verzweigten Antennen dieses männlichen Nachtpfauenauges der Gattung Rothschildia (Costa Rica) vergrößern die sensible Fläche dieses hochempfindlichen Riechorgans, so daß es sogar noch geringste Spuren weiblichen Dufts wahrnehmen kann.*

PERFEKTE ROBOTER · 49

Nervenimpulse zum Gehirn aus. Anscheinend depolarisiert das Molekül für einen Augenblick die Membran und das stimuliert einen Nervenimpuls.

Jedes Molekül hat sein eigenes Depolarisations-Schema. Auf diese Weise kann ein Nachtschmetterlings-Männchen einen spezifischen Geruch erkennen, sagen wir mal den Duft eines sexuell empfänglichen Weibchens, oder eine Biene kann den typischen Duft einer Blume erkennen, die sie als üppige Pollen- oder Nektarquelle kennengelernt hat.

Man kann sich leicht vorstellen, wie sensibel der Geruchssinn der Insekten bei vielen tausend derartiger Sensillen auf jeder Antenne ist. Viele Insektenarten haben unabhängig voneinander eine elegante Methode gefunden, diese Sensibilität sogar noch zu erhöhen: Sie vergrößern die geruchssensible Fläche mittels verästelter Antennen, die wie Molekül-Siebe die Luft nach Duftmolekülen durchseihen. Diese Art verästelter Antennen ist besonders bei männlichen Nachtschmetterlingen hochentwickelt. Beim männlichen Seidenspinner *Bombyx mori* zum Beispiel hat jede Antenne ungefähr 17 000 Sensillen, die auf den artspezifischen Sexualduft des Seidenspinnerweibchens reagieren. In jedem Sensillum sitzen ungefähr 3000 Poren, so daß jeder Seidenspinner etwa 102 Millionen Poren hat. Manche Arten von Nachtfaltern fangen mit solchen verästelten Antennen etwa ein Drittel aller Pheromonmoleküle, die über sie hinwegstreichen. Mit diesem gewaltigen Aufgebot an Sensoren genügt es, wenn die Antennen nur ein paar Pheromonmoleküle fangen, um einen Nervenimpuls auszulösen. Nicht einmal 100 Moleküle sind notwendig, um eine Verhaltensreaktion auszulösen und das Männchen zu veranlassen, sich auf die Suche nach dem Weibchen zu machen, das mehrere Kilometer weit weg ist.

Pheromone werden in kleinen Mengen abgegeben und Antennen sind hochselektiv: Von den vielen Düften in der Umgebung reagieren Antennen nur auf die relativ wenigen Düfte hochsensibel, die für das Insekt bedeutsam sind.

Oben: *Verzweigte, fiedrige Antennen kommen nicht nur bei männlichen Nachtfaltern vor. Auch viele andere Insektenmännchen haben verzweigte Antennen, zum Beispiel dieser Feldmaikäfer* Melolontha melolontha.

Rechts: *Noch ein Insekt, das eigenständig dieselbe »Erfindung« gemacht hat, um die Sensorenoberfläche zu vergrößern: diese Gottesanbeterin* Empusa pennata *(Frankreich).*

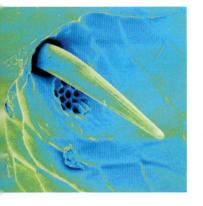

Unten: *Dieses Sinneshaar eines Käfers ist ein Berührungsrezeptor (Elektronenmikroskop mit Scanner 150fach vergrößert).*

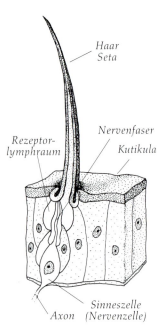

Oben: *Längsschnitt durch ein Sinneshaar (Seta), die Grundlage des Insektentastsinnes.*

wahrnehmen können, ist im Vergleich zu dem unsrigen eher begrenzt: Sie reagieren nur auf jenes kleine Spektrum von Düften, die für ihr Verhalten relevant sind – wieder eine Methode, den Bordcomputer vor Überfrachtung mit irrelevanter Information zu schützen.

Geschmackssensoren finden sich an den Mundwerkzeugen und auf den Füßen. Insekten schmecken also in Wirklichkeit mit den Füßen. Wenn ein Schmetterling auf einer Blüte über Spuren von Nektar läuft, rollt er instinktiv seinen langen Rüssel in Freßbereitschaft aus.

Mit Hilfe weiterer Geschmackssensoren, die nahe der Spitze der weiblichen Legeröhre sitzen, kann das Weibchen geeignete Eiablagestellen erkennen, zum Beispiel die Blätter einer bestimmten Pflanze oder Totholz eines bestimmten Alters und Verrottungsstadiums.

Die Geschmackssensoren sind ähnlich aufgebaut wie die Duftdetektoren, sind aber daran angepaßt, mit gelösten statt mit gasförmigen Substanzen umzugehen.

FÜHLEN

Weil Insekten von einem Kutikula-Panzer umhüllt sind, wäre es verzeihlich zu meinen, ein Tastsinn sei für sie relativ unwichtig. Doch sie sind mit einer Vielzahl von Berührungsrezeptoren ausgestattet. Diese Rezeptoren sind über die ganze Körperoberfläche verteilt, wobei sie sich besonders an den Gelenken der Gliedmaßen, an den gelenkig miteinander verbundenen Körpersegmenten und an den Fußsegmenten konzentrieren, die ja mit allen möglichen Oberflächen in Berührung kommen, auf denen das Insekt gerade sitzt.

Die meisten Berührungsrezeptoren arbeiten mittels Verformung einer Membran, die mit einem Nervenfortsatz verbunden ist. Bei der häufigsten Form der Berührungsrezeptoren wächst ein Haar, *Seta*, aus einer flachen Mulde in der Kutikula heraus. Wie die Kutikula, so besteht auch das Haar aus Chitin; es wird von einer einzelnen Zelle unterhalb der Mulde gebildet. Die Basis des Haares ist mit einer flexiblen Membran verschmolzen, die sich über die Mulde zieht.

Wenn nun das Insekt ein Objekt mit dem Haar berührt, oder wenn etwas an das Haar stößt, biegt es sich und verformt die Membran. Dieser Vorgang schickt Impulse in den Nerv, der mit der Membran und der Haarbasis verbunden ist. Die Frequenz der Nervenimpulse hängt direkt mit dem Grad der Verformung zusammen.

Wenn viele derartige Berührungsrezeptoren gleichzeitig gereizt werden, kann ein laufendes Insekt zum Beispiel fühlen, wie die Oberfäche beschaffen ist, auf der es läuft.

In der Nähe der beiden Antennenansätze sitzt eine modifizierte Form von Berührungsrezeptoren. Sie heißen Johnstonsche Organe und zeigen die Fluggeschwindigkeit an: Je mehr die Antennenbasen durch den Druck der anströmenden Luft verformt werden, desto höher wird die Geschwindigkeit eingeschätzt.

Arbeiterinnen der Honigbiene haben noch eine zusätzliche Methode, die Fluggeschwindigkeit zu schätzen: Sie haben lange Haare zwischen den Facetten ihrer Komplexaugen. Diese Haare bilden einen dichten Wald von Rezeptoren und werden, während die Biene fliegt, durch den Luftstrom, der über sie hinwegstreicht, gebogen. Jedes Haar hat an der Basis seinen eigenen Nerv, und je stärker die Haare gekrümmt werden, desto höher ist die Fluggeschwindigkeit, die von der Biene wahrgenommen wird.

Spezielle Berührungsrezeptoren reagieren auch sensibel auf Schwingungen, die durch die Oberfläche übertragen werden, auf der das Insekt gerade sitzt. So erzeugen beide Geschlechter vieler Grashüpfer-Arten einen niederfrequenten Gesang, der sich als Schwingung über Pflanzenstengel und Blätter überträgt.

Die Berührungsrezeptoren der Insekten sind nicht nur darauf eingerichtet, mit Reizen aus der Außenwelt umzugehen. Viele spezielle Rezeptoren, sogenannte Propriorezeptoren, haben die Aufgabe, das Insekt über sich selbst zu informieren, besonders darüber, wie seine beweglichen Körperteile zueinander stehen.

Wo, sagen wir mal, zwei Segmente des Abdomens oder zwei Beinteile miteinander verbunden sind, sitzt auf einem der beiden ein ganzes Polster von Tasthaaren, die mit dem anderen Teil in Kontakt kommen, wenn sich die Körperteile zueinander verlagern. Auch hier ist wieder wichtig, wie stark sich die Haare und damit ihre Basalmembranen verbiegen. In diesem Fall ist die Krümmung der Haare um so stärker, je stärker sich die beiden Körperteile zueinander verlagern.

Stellen Sie sich ein Insekt vor, wie es über den Boden läuft, dabei seine Antennen benutzt, um seinen Weg zu erfühlen und zu wittern: eine Masse aus sich bewegenden, miteinander verbundenen Teilen. Die Propriorezeptoren, die über die ganze Körperoberfläche verteilt sind, melden dem Insekt in jedem Augenblick, wo sich all seine Teile relativ zueinander befinden.

HÖREN

Klänge wahrnehmen heißt, luftübertragene Vibrationen wahrnehmen. Erwachsene Menschen können Geräusche in einem ziemlich begrenzten Frequenzbereich von 20 bis 20 000 Hertz hören – 1 Hertz bedeutet eine Schwingung pro Sekunde. Der Tonumfang, den die Insekten als Gruppe wahrnehmen können, reicht von einem bis 100.000 Hertz, aber natürlich haben die einzelnen Insektenarten viel engere Hörbereiche, je nachdem, wie ihre funktionellen Bedürfnisse aussehen.

So entspricht zum Beispiel der Hörbereich weiblicher Laubheuschrecken in

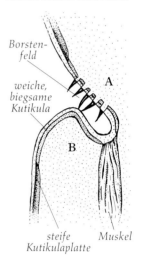

Unten: Dieser Schnitt durch die Gelenkverbindung zweier Körperteile zeigt, wie die Bewegung benachbarter Körperteile zueinander registriert wird. Haare des Borstenfeldes von Teil A werden gebogen, wenn sich Teil B relativ zu A bewegt. Von diesem Sinnesorgan (Propriorezeptor) ausgehende Nervenimpulse melden die relative Positon von A zu B.

Nächste Seite: Mit ihren extrem langen Antennen kann diese aasfressende Grille der Gattung Phaephilacris (Kenia) unter Fallaub und Rinde nach Nahrung stöbern.

54 · PERFEKTE ROBOTER

VERSTÄRKER IM OHR

Zum Hören gehört bei vielen Insekten ein besonderer Empfänger, der sensibel auf luftübertragene Vibrationen reagiert: das sogenannte Tympanum. Dieses Tympanum ist eine Membran, die auf eintreffende Töne mit Vibrationen reagiert. Sie steht mit Gruppen spezialisierter Propriorezeptor-Zellen in Verbindung, die registrieren, wie sich die Membran verformt. Die Zellen selbst sind mit dem Hörnerv verwachsen, der die Vibrationen in Nervenimpulse übersetzt und zum Gehirn weiterleitet.

Das Tympanum und die damit verbundenen Strukturen sind das Ohr der Insekten. Wo genau die Ohren im Körper sitzen, hängt von der jeweiligen Insektenart ab:

* an den Vorderbeinen: Laubheuschrecken, Maulwurfsgrillen, Grillen
* am Thorax zwischen den Hinterbeinen: Gottesanbeterinnen.
* an den Flügeln: Netzflügler, einige Nachtschmetterlinge
* am Abdomen: Feldheuschrecken, Zikaden, einige Nachtschmetterlinge.

Die Tatsache, daß Ohren bei verschiedenen Insekten in ganz unterschiedlichen Körperteilen liegen, zeigt, daß sie sich mehrmals unabhängig voneinander entwickelt haben.
Bei Laubheuschrecken ist das Hörsystem bemerkenswert komplex (siehe Zeichnung unten). Zwei Tympanalmembranen liegen in einem Hohlraum an der Basis der Vorder-

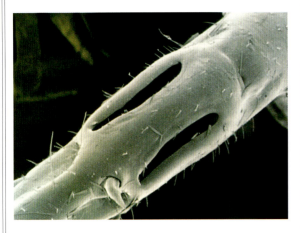

Oben: *Ein Paar Schlitze am Vorderbein einer Laubheuschrecke, Teil des Insektenohres (Scanner-Elektronen-mikroskopaufnahme in 35facher Vergrößerung).*

Unten: *Ein Schnitt durch Prothorax und Vorderbeine einer Laubheuschrecke zeigen jene modifizierten Teile des Atmungssystems, die Töne wahrnehmen.*

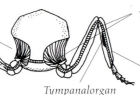

Akustisches Stigma (hier dringen Schallwellen in das System ein)

akustische Trachee (leitet die Schallwellen zum Tympanalorgan)
Tibia

Tympanalorgan

beinschiene, der *Tibia*. Nach innen lagert sich an jede Membran eine modifizierte Atemröhre, *Trachee* an, die mittig im Bein entlangführt und in einer erweiterten und modifizierten Atempore, *Spiraculum*, im Prothorax endet. Weder Trachee noch Spiraculum stehen mit dem Rest des Atemsystems in Verbindung. Das sogenannte akustische Spiraculum arbeitet vielmehr als Schallwellen-Empfänger; vom Spiraculum aus werden Schallwellen in der Luftsäule der Trachee entlanggeleitet und bringen die Tympanalmembranen zum Schwingen. Genau hinter dem akustischen Spiraculum erweitert sich die Trachee und funktioniert wie ein Verstärker, sobald Schallwellen hindurchlaufen.
Der Hohlraum im Bein, der die beiden Membranen beherbergt, öffnet sich nach außen über zwei Schlitze. Man vermutet, daß die beiden Schlitze als Klangleiter fungieren und vielleicht mit dem gerichteten Hören zu tun haben.

Links: *Die Schwellung mit dem Schlitz an der Vorderbeinschiene dieser Laubheuschrecke* Stilpnochlora incissa *(Peru) beherbergt die Tympanalorgane; sie übersetzen eintreffende Schallwellen in Klangmuster, die vom Gehirn wahrgenommen werden.*

etwa dem Tonumfang, in dem Männchen ihrer Art zirpen. Die Männchen jeder Art haben ihren eigenen spezifischen Gesang, so daß artfremde Weibchen – sogar die Weibchen nahe verwandter Arten – praktisch taub dafür sind. Wahrscheinlich trifft das auch für andere Insekten zu, zum Beispiel für weibliche Zikaden: Die Weibchen erkennen artgleiche Männchen an ihren artspezifischen Gesängen.

DIE RECHENZENTRALE

Wenn ein Insekt in eigenen Angelegenheiten unterwegs ist, verarbeitet es ständig all die Meldungen seiner verschiedenen Sinnesorgane. Bei einer so großen Auswahl von Sinneseindrücken hat es mindestens ein exaktes Gefühl dafür, wo es sich räumlich gerade befindet.

Das Gehirn hat die Aufgabe, diese Informationen zu verarbeiten und zu integrieren, damit die passenden, programmierten Verhaltensmuster ausgelöst werden können. Nehmen wir zum Beispiel eine Libelle, die im Fluge nach Insekten jagt. Während sie fliegt, suchen ihre Augen ständig das Gesichtsfeld vor ihr nach Beute ab. Gleichzeitig überwacht sie ununterbrochen ihre Fluggeschwindigkeit, so daß sie »weiß«, ob sie das Tempo drosseln muß, um auf ein langsameres Insekt herabzustoßen, oder ob sie beschleunigen muß, um ein schnelleres anzusteuern. Während sich all das abspielt, kontrolliert und reguliert

Libellen sind berühmt für ihr fliegerisches Können; diese Aphylla williamsi *(USA) hat eine andere Großlibelle gefangen und verspeist sie soeben – ein Zeichen dafür, wie fein abgestimmt ihre Sinne koordiniert sind.*

die Libelle auch ihre Haltung mit Hilfe des Bord-Gyroskops: Sinneshaare an der Rückseite ihres Kopfes, die unmittelbar dahinter auf den Thorax treffen, registrieren, wenn sich die Position von Kopf und Thorax zueinander verändert.

Hat die Libelle ein fliegendes Insekt aufs Korn genommen – sagen wir mal, einen kleinen Nachtschmetterling oder eine Köcherfliege –, öffnet sie ihre dornigen, herabhängenden Beine, so daß sie einen Kescher bilden und fängt darin die Beute. Das ist Koordination auf höchster Ebene und kann sich mit jeder Leistung von Säugetieren messen.

Viele Insekten können aufgenommene Informationen speichern: Ihr Erinnerungsvermögen ist gut entwickelt; das gilt vor allem für nestbauende Insekten.

Ein Beispiel: Das Weibchen einer solitär lebenden Wespenart hat vielleicht eine Nestmulde im Boden ausgehoben. Wenn die Wespe mit dem Graben fertig ist, fliegt sie ein paar kurze Schleifen oder Achter über ihrem Nesteingang und prägt sich dabei optische Merkmale in unmittelbarer Nachbarschaft ihres Nestes ein. Das können ein paar Kiesel, ein Zweig oder einige Grasbüschel sein.

Das Wespenweibchen zieht allmählich größere Schleifen und Achter: Sie prägt sich dabei weiter entfernte Merkmale ein, zum Beispiel eine Baumgruppe, einen Kirchturm und einen Berggipfel am Horizont.

Jetzt fliegt sie fort, um nach Beute – zum Beispiel Raupen – zu suchen, die sie in ihre Brutzellen einlagern wird. Sie macht geeignete Jagdgründe ausfindig, vielleicht eine kleine Buschgruppe, einen halben Kilometer von ihrem Nest entfernt.

Während sie darauf zufliegt, navigiert sie mit Hilfe des Sonnenstandes. Dabei spielt es keine Rolle, ob der Himmel wolkig und die Sonne zeitweise verdeckt ist: Weil die Wespe die Schwingungsebene des polarisierten Lichts erkennt, kann sie sich dennoch an der Sonne orientieren.

Sie erreicht die Büsche und sucht dort eine Zeitlang nach einer Raupe. Schließlich findet sie eine, lähmt sie mit ihrem Stachel und macht sich dann auf den Rückweg, wobei sie die Beute mit den Beinen trägt und mit den Kiefern festhält.

Sie hat sich ihre Position und ihre Flugroute relativ zum Sonnenstand gemerkt. Die Sonne indessen hat die ärgerliche Eigenart, sich über den Himmel zu bewegen – aber das bringt die Wespe nicht aus der Fassung. Dank einer eingebauten Uhr ist sie imstande, den veränderten Sonnenstand zu verrechnen. Sobald das geschehen ist, kann sie den Sonnenstand als Navigationshilfe nutzen, um zu ihrem Nest zurückzufinden. Sie nimmt auch die im visuellen Gedächtnis abgespeicherten weiter entfernten Landmarken am Horizont zu Hilfe und steuert dann das Nest an, indem sie sich an nähergelegenen Landmarken orientiert. Während sie mittels dieser vielen Anhaltspunkte zum Nest zurückfliegt, hat sie sich vielleicht schon den Flugweg zurück zu den Büschen

DER AUSDRUCKSTANZ VON DER GUTEN NACHRICHT

Unser Wissen über die Kommunikation der Bienen verdanken wir dem österreichischen Wissenschaftler Karl von Frisch, der einige der elegantesten Versuche in der Geschichte der Verhaltensforschung durchgeführt hat.

Als man einer markierten Biene eine künstliche Futterquelle in Form einer Honiglösung anbot, fiel zum ersten Mal auf, daß Bienen-Arbeiterinnen den Standort von Nahrungsquellen mitteilen können: Obwohl man die gekennzeichnete Biene daran hinderte, den Stock zu verlassen, machten sich bald andere Arbeiterinnen daran, die Futterquelle auszubeuten. Irgendeine Form von Verständigung hatte eindeutig stattgefunden.

Karl von Frisch benutzte einen Beobachtungs-Bienenstock mit Glasfenster und bemerkte, daß heimkehrende Sammlerinnen oft eine ritualisierte Reihe von Bewegungen auf den Waben vollführten und damit die Aufmerksamkeit anderer Arbeiterinnen auf sich zogen. Er nannte diese Bewegungen »Tänze«. Nach vielen sorgfältigen Beobachtungen und Versuchen mit individuell markierten Bienen und künstlichen Futterquellen unterschiedlicher Qualität und verschiedener Entfernungen vom Stock übersetzte v. Frisch schließlich die Tanzsprache der Honigbiene. Andere Wissenschaftler ergänzten später seine Forschungsergebnisse.

Wenn eine Arbeiterin von einer Nahrungsquelle zurückkehrt, die nicht weiter als 25 Meter vom Stock entfernt ist, vollführt sie einen Rundtanz, wie ihn die Zeichnung (1) auf der gegenüberliegenden Seite zeigt. Dieser Rundtanz besteht aus einer Folge von gelaufenen Kreisen, die regelmäßig die Richtung wechseln. Eine Gruppe von Arbeiterinnen wird auf die tanzende Arbeiterin aufmerksam und folgt aufgeregt ihren Bewegungen. Ständig berühren sie die Tänzerin mit ihren Antennen und kosten den Nektar, den sie von Zeit zu Zeit auswürgt. Je besser die Qualität der Nahrung – das heißt, je höher ihr Nährwert –, desto häufiger wechselt die Tänzerin während ihres Rundtanzes die Richtung und desto »leidenschaftlicher« tanzt sie.

Der Rundtanz sagt nichts über die Richtung aus, in der die Nahrungsquelle zu finden ist. Weil sie keine 25 Meter vom

Eine Bienenarbeiterin hat eine Pollen- und Nektarquelle entdeckt. Bald wird sie im Stock »die gute Nachricht« tanzen.

Stock entfernt liegt, können die zum Futtersammeln »angeworbenen« Arbeiterinnen sie ziemlich schnell finden, indem sie einfach in immer größer werdenden Kreisen um den Stock fliegen.

Wenn eine Nahrungsquelle weiter als 100 Meter vom Stock entfernt liegt, vollführt eine heimgekehrte Arbeiterin den Schwänzeltanz (2). Sie läuft dabei die Figur einer abgeflachten Acht; auf dem geraden Stück zwischen den beiden Halbkreisen der Acht wackelt sie sehr schnell mit ihrem Abdomen hin und her und gibt ein schnarrendes Summen von sich. Je weiter die Futterquelle vom Stock entfernt ist, desto länger zieht sich der Geradeaus-Lauf hin und desto langsamer wird geschwänzelt. Die Arbeiterinnen, die dem Tanz aufmerksam folgen, schätzen die Länge der geraden Strecke in der Tanzfigur anhand der Wabenzahl, die von der Tänzerin dabei überlaufen wird. Offenbar drückt die tanzende Biene die Entfernung in Form der Energie aus, die erforderlich ist, um dorthin zu gelangen. Wie schnell die Arbeiterin tanzt, und wie oft sie ihren Tanz wiederholt und dabei ihr hochfrequentes Summen von 250 Hz von sich gibt, ist ein Hinweis auf den Nährwert der Nahrung.

Karl von Frisch: »Es würde dem Bienenvolk wenig nützen zu erfahren, daß zwei Kilometer vom Stock eine Linde in Blüte steht, wenn nicht zugleich die Richtung übermittelt würde, in der sie zu suchen ist. Tatsächlich enthält der Schwänzeltanz auch diesbezüglich eine Information. Sie ist in der Tanzfigur enthalten, und zwar in der Richtung des geradlinigen Schwänzellaufes... Da die Wabe senkrecht hängt, die Flugstrecke aber in einer horizontalen Ebene liegt, kann das nur auf einem merkwürdigen Umweg geschehen: Liegt der Futterplatz genau in der Richtung des Sonnenstandes, so läuft die Tänzerin beim Schwänzeltanz die geradlinige Strecke *nach oben*. Liegt er genau in der entgegengesetzten Richtung, so tanzt sie den Geradelauf senkrecht *nach unten*. Eine Laufspur des Schwänzeltanzes, in welcher der Geradelauf um 60 Grad nach links von der Richtung nach oben abweicht, bedeutet, daß der Futterplatz um 60 Grad nach links von der Richtung zur Sonne gelegen ist und so weiter. Der

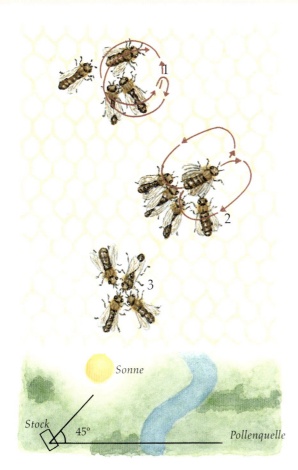

Winkel zur Sonne wird also durch den Winkel zum Lot ausgedrückt. Auch diese Weisungen werden von den Kameradinnen verstanden und beim Suchen nach der verkündeten Nahrung mit bemerkenswerter Schärfe eingehalten.«
Wenn Futterquellen 25 bis 100 Meter vom Stock entfernt sind, vollführen die Arbeiterinnen einen Tanz, der ein Zwischending zwischen Rundtanz und Schwänzeltanz ist.
Die Nachricht, die per Rund- und Schwänzeltanz vermittelt wird, kann noch verstärkt werden: durch Blütendüfte, die von den angeworbenen Arbeiterinnen auf dem Körper der Tänzerin entdeckt werden und durch Nektarproben, die von der Tänzerin hochgewürgt werden (3).
Wissenschaftler beobachteten noch eine andere Art Tanz, den sogenannten Vibrationstanz: Die Arbeiterinnen vibrieren schnell mit ihrem Körper, besonders mit ihren Abdomen, auf und ab. Dieser Tanz dirigiert Arbeiterinnen dorthin, wo im Stock Schwänzeltänze aufgeführt werden. Vibrationstänze kommen am häufigsten vor, wenn die Kolonie alle Kräfte auf die Nahrungssuche konzentrieren muß und mehr Arbeiterinnen angeworben werden müssen.
Karl von Frisch fand heraus, daß Bienen regionale Dialekte haben. Zum Beispiel gehen italienische Honigbienen vom Rundtanz zum Schwänzeltanz über, wenn die Nahrungsquelle ungefähr 35 Meter von der Kolonie entfernt liegt; österreichische Bienen dagegen wechseln erst bei 80 Metern die Tanzart. Als v. Frisch die beiden Bienen-Typen in einem einzigen Stock miteinander mischte, hatten die Bienen mit verschiedenen Dialekten größte Schwierigkeiten, einander zu verstehen; wenn die Nahrungsquelle 35 bis 80 Meter weit entfernt lag, herrschte große Verwirrung.
Manchmal wird die Tanzsprache auch in anderem Kontext benutzt: Bienenvölker schwärmen regelmäßig. Ein Teil der Kolonie bleibt mit einer neuen Königin im Stock, und die alte Königin verläßt den Stock mit dem Schwarm (siehe Kapitel 7). Der Schwarm sammelt sich in einer Traube an einem Ast oder Felsen, und sogenannte Spurbienen suchen einen neuen Nestplatz, meistens einen Hohlraum in einem hohlen Baum oder einer Felsspalte. Heimkehrende Spurbienen tanzen dann auf der Oberfläche des Schwarms und berichten über die Entfernung und Richtung eines passenden Nestplatzes. Auf diese Weise bezieht schließlich der ganze Schwarm – er zählt vielleicht 50 000 Bienen – sein neues Quartier.
Die Tanzsprache der Biene ist ein bemerkenswert komplexes Verhalten. Eine Arbeiterin muß sich an visuelle Daten, an Richtungs- und Nährwertangaben erinnern und diese Daten mittels eines Systems stereotyper Codesignale an ihre Stockgenossinnen weitergeben können. Damit das funktioniert, muß eine Nestgenossin imstande sein, die Information entgegenzunehmen, zu verstehen und für sich in einen lohnenden Futtersuchflug zu übersetzen. Wenn sie heimkehrt, kann sie selbst zur Tänzerin werden. Und all diese komplexe Informationsübertragung findet in der Finsternis des Stocks statt.
Unsere Sprache vermittelt Informationen mit Hilfe von Tönen und geschriebenen Zeichen, über deren symbolische Bedeutung man sich geeinigt hat. Die Tanzsprache der Biene ist ein Kommunikationssystem auf mehreren Kanälen, und sie benutzt ebenfalls Codesignale, denen eine Bedeutung zugeordnet ist. Sie ist also eine richtige Sprache, im selben Sinne wie die unsere.

gemerkt, falls diese sich als reiche Jagdgründe erwiesen haben und weitere Ausflüge lohnen.

Aus Erfahrung lernen ist eine typische Fähigkeit von Ameisen, Wespen und Bienen. Wespen der Gattung *Polistes* (Feldwespen) sind ein gutes Beispiel dafür. *Polistes* ist eine artenreiche Gattung, die überall auf der Welt vorkommt. *Polistes*-Wespen leben sozial in kleinen Kolonien; ihre Papiernester, die sie aus zerkautem Holz bauen, hängen offen an Felsen, Hauswänden oder Zweigen.

Ein Wissenschaftler in Amerika untersuchte, wie *Polistes*-Wespen mit erbeuteten Raupen umgingen. Jeden Tag plazierte er Raupen auf derselben Pflanze und beobachtete, wie die Wespen mit ihnen verfuhren. Bald lernten die Wespen, das Kommen des Wissenschaftlers mit dem Futter in Verbindung zu bringen. Sie flogen dann sofort zu der Pflanze und warteten darauf, gefüttert zu werden, genauso wie ein Hund oder eine Katze an ihrer Schüssel warten, wenn sie sehen, wie ihr Herrchen zur Futterdose greift.

SIND INSEKTEN INTELLIGENT?

Man kann Insekten als äußerst leistungsfähige Kleinstcomputer betrachten. Das meiste von dem, was ein Insekt tun muß, um so lange zu überleben, daß es Nachwuchs in die Welt setzen kann, ist im System fest verankert – programmierte Effizienz. Aber einige Aspekte in der Welt eines Insekts sind für eine strikt programmierte Antwort einfach nicht vorhersehbar genug: Der Insektencomputer muß lernfähig sein und seine Reaktionen modifizieren können. So kommt es zur »Schläue« der *Polistes*-Wespe und zur Tanzsprache der Honigbiene (siehe Seite 58-59).

Wenn man Intelligenz als die Fähigkeit definiert, Probleme zu lösen, dann sind Insekten nicht intelligent. Es hat den Anschein, als könnten sie praktische Probleme lösen, aber die Wirklichkeit hinter dieser scheinbaren Intelligenz sieht so aus: Die programmierten und unveränderlichen Verhaltensmuster, die verschlüsselt im Nervensystem des Insekts vorliegen, sind so beschaffen, daß eine Kombination aus internen physiologischen Rhythmen und Zyklen und Sinneseindrücken der Außenwelt ein bestimmtes Verhalten auslösen.

Hochentwickelte Insekten wie Ameisen, Wespen und Bienen haben ein gewaltiges Repertoire solcher Verhaltensweisen und können deshalb auf ein weites Spektrum sowohl interner wie externer Stimuli reagieren. Dank dieser Fähigkeit können sie all die sozialen Verhaltensweisen aufrechterhalten, die eine komplexe Gesellschaft ausmachen.

Dies hier ist als Tribut an die Verarbeitungskapazität des Insektengehirns und der Sinnesorgane zu verstehen. Aber Insekten nehmen Informationen sehr selektiv auf. Im Gegensatz zu uns überladen sie sich nicht mit irrelevanter Information. Ein Insekt ist immer nur so intelligent, wie es sein muß.

Links: Eine Kolonie der sozialen Wespe Mischocyttarus alfkennii *(Trinidad) macht sich an ihrem Nest an der Unterseite eines Blattes zu schaffen. Nestbauende Wespen, Ameisen und Bienen müssen ein hochentwickeltes Raumempfinden haben, um zu ihrem Nest zurückfinden zu können.*

3

AUF ACHSE

Die große Show der Läufer, Springer, Flieger, Schwimmer und der Standhaften

Beim Abflug verschaffen seine Flügeldecken oder Elytren diesem männlichen Harlekinkäfer Acrocinus longimanus (Venezuela) zusätzlichen Auftrieb.

Insekten gibt es überall. Das liegt einfach daran, daß sie sehr beweglich sind. Dank ihrer Mobilität haben sie es sogar geschafft, die entlegensten ozeanischen Inseln zu besiedeln.

Alle ausgewachsenen Insekten haben sechs Beine und können laufen oder krabbeln. Die meisten haben Flügel und können fliegen. Viele sind Meister im Springen und manche, zum Beispiel Heuschrecken, können laufen, rennen, springen *und* fliegen.

BEINE

Insekten können auf alle möglichen Arten laufen, rennen und springen. Diese Vielfalt ist ein Spiegelbild der vielen verschiedenen Lebensräume, die sie bewohnen. So sind für kleine Käfer, die in Rindenspalten oder unter der Rinde leben, lange Beine entschieden von Nachteil. Sie haben statt dessen kurze Stummelbeine mit robusten Dornen, die ihnen helfen, auf rauher Rinde oder Holz Halt zu finden. Normalerweise sind solche Käfer nicht oft gezwungen zu rennen. Aber sie können durchaus rennen, wenn sie zum Beispiel auf dem Weg von einem Fleck Rinde zum anderen ein Stück Totholz überqueren: Wer rennen kann, ist nur kurze Zeit seinen Raubfeinden ausgesetzt.

Ein Schwarzkäfermännchen, Onymacris ruhatipennis, *jagt verliebt eine potentielle Partnerin in der Wüste Namib. Sie werden von einer Eidechse,* Muroles cuneirostris, *verfolgt. Lange Beine sind aus mindestens zwei Gründen praktisch. Diese Käfer gehören zu den schnellsten Sechsbeinern: Sie schaffen bis zu einen Meter pro Sekunde.*

Sandlaufkäfer dagegen, die ihre Beuteinsekten auf unbewachsenem Boden jagen, haben lange Beine, eine Anpassung an das schnelle Laufen, und sie gehören zu den schnellsten Läufern der Welt. Wenn zum Beispiel Arten der Gattung *Mantichora* bei der Verfolgung ihrer Insektenbeute in den Wüsten des südlichen Afrika einen Meter pro Sekunde zurücklegen, erreichen sie damit eine relative Geschwindigkeit, die weit über dem Tempo eines Geparden liegt. Viele Arten von Sandlaufkäfern steigern ihre Geschwindigkeit noch, indem sie sich beim Laufen für kurze Augenblicke in die Luft erheben.

Einige Schwarzkäfer sind genausoschnell wie die Sandlaufkäfer. Arten der Gattung *Onymacris*, wie man sie in den extremen Wüsten von Namibia findet, nutzen ihre Fähigkeiten als Schnelläufer nicht nur, um Partner zu jagen und Eidechsen zu entkommen, sondern auch, um von einem Schattenfleck zum anderen zu rennen: Als Kleinlebewesen sind Wüsteninsekten in Gefahr auszutrocknen und setzen sich deshalb so wenig wie möglich dem direkten Sonnenlicht aus. Lange Beine, wie zum Beispiel bei der *Onymacris*, sind nicht nur eine Anpassung an das schnelle Laufen; sie heben das Insekt auch vom Boden ab und setzen es so wenig wie möglich dem glühendheißen Sand aus.

Viele Insekten sind zu Springern geworden – entweder um Räubern zu entkommen oder, wie es bei Flöhen der Fall ist, um sich an ein neues Wirtstier

Nächste Doppelseite:
Nicht alle Beine dienen der Fortbewegung. Die Vorderbeine der Gottesanbeterinnen, zum Beispiel dieser Parasphendale agrionina (Kenia), sind ans Beutepacken angepaßt.

Unten:
Schmetterlingsraupen wie diese Raupe des Nachtpfauenauges Antheraea eucalypti (Australien) haben kurze, fleischige Beinstummel.

SECHSBEINIGE DREIFÜSSLER

Sechsbeinige Dreifüßler? Nein, das ist kein Widerspruch in sich. Zwar hat ein laufendes Insekt sechs Beine, aber es haben immer nur drei Beine gleichzeitig Kontakt zum Boden: immer das Vorder- und Hinterbein der einen und das mittlere Bein der Gegenseite (siehe Zeichnung rechts). Die Beine, die den Boden gerade nicht berühren, bewegen sich nach vorne und fußen auf, während die drei Beine, die zuvor Bodenkontakt hatten, jetzt aufgehoben und vorwärts bewegt werden. Die Kraftschübe werden dabei durch die Beine übertragen, die gerade Bodenkontakt haben.

Der Antriebsmotor für die Bewegung sind die an den Beinansätzen wirkenden Muskeln im Thorax; das Strecken oder Krümmen der Beine besorgen allerdings interne Beinmuskeln (siehe Zeichnung unten). Paarige Krallen und Haftpolster an den Fußspitzen, sorgen dafür, daß Insekten auf dem Untergrund Halt finden.

Der Mechanismus des Laufens wird nicht direkt vom Gehirn gesteuert; jedes der drei Beinpaare wird von Nervenganglien im entsprechenden Thorax-Segment kontrolliert. Zwar sind diese Abläufe mit der Verarbeitungszentrale im Gehirn rückgekoppelt, aber die Thorax-Ganglien sind weitgehend unabhängig: Ein säuberlich enthauptetes Insekt läuft weiter, wenn auch ein wenig unregelmäßig.

Roboter-Konstrukteure fangen an, sich für den Dreifüßlergang laufender Insekten zu interessieren: In Kombination mit einem tiefliegenden Schwerpunkt verleiht dieser Gang Insekten eine enorme Stabilität. Früher bauten Forscher ihre Roboter-Modelle auf der Grundlage des zweifüßigen Menschenganges – mit all seinen Gleichgewichtsproblemen. Bei den neuen Konstruktionen, die ihre Stabilität dem Gang der Insekten verdanken, können die Ingenieure sich jetzt auf die Kontroll- und Sensorsysteme konzentrieren. Sie haben sich an den Insekten ein Beispiel genommen und die Kontrollprozessoren für die Beine ihrer Roboter in dem plaziert, was beim Roboter dem Thorax entspricht und haben damit im Bordcomputer oder »Gehirn« mehr Platz für Sensorensysteme wie zum Beispiel Videokameras und Bildanalyse-Geräte gewonnen.

Detaillierte Studien über die Bewegungsabläufe von Insekten und über ihre Kontrollsysteme sind für Roboter-Konstrukteure schon immer inspirierend gewesen.

Ein marschierender Laufkäfer der Gattung Carabus. *Die dunkler abgebildeten Beine haben Bodenkontakt.*

Rechts: *Ein Wüsten-Schwarzkäfer unbekannter Art hinterläßt seine Fußspuren in den Sanddünen von Rajasthan (Indien).*

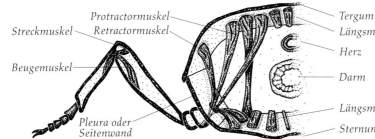

Links: *Der Querschnitt durch Thorax und Beine eines Insekts zeigt die Thorakal- und Beinmuskeln, die die Beine in Bewegung setzen.*

heranzumachen, sei es Vogel oder Säugetier. Fast immer haben gute Springer modifizierte Hinterbeine mit stark entwickelten, muskelbepackten Oberschenkeln, *Femurs*.

Die ungeheuer weiten Sprünge von Insekten wie Heuschrecken und Flöhe aber kommen nicht direkt durch Muskelantrieb zustande: Die Nervenimpulse werden zu langsam weitergeleitet, und Muskelgewebe hat ein langsames Reaktionstempo. Statt dessen wird mit Hilfe der Muskeln allmählich eine mechanische Spannung aufgebaut und aufrechterhalten. Bei Heuschrecken wird die Spannung gespeichert, indem die Hinterbeinschiene, *Tibia*, verdreht wird. Die plötzliche Lösung dieser Spannung schleudert die Heuschrecke in die Luft.

Ein dichter Saum aus steifen Borsten vergrößert die Oberfläche der kräftigen Hinterbeine dieses Gelbrandkäfers, Dytiscus marginalis *(England).*

Flöhe haben einen ausgefalleneren Mechanis-mus. Man hat von diesen flügellosen Parasiten schon gesagt, sie flögen mit den Beinen, weil sie die Überbleibsel des Flugapparats ihrer geflügelten Ahnen benutzen, um sich in die Luft zu katapultieren.

Der Teil, um den es hier geht, heißt Pleuralbogen, ist ein modifiziertes Relikt des Flügelgelenks und besteht aus einem speziellen Protein, dem Resilin, einer Art natürlichem Gummi. Wenn ein Floh sich zum Springen vorbereitet, kontrahieren sich Muskeln am Beinansatz und verspannen die Skelett-Teile des Thorax; dieser Zustand wird mit Hilfe eines Schnappmechanismus' arretiert; jetzt hebt der Floh die Hinterbeine an und ist sprungbereit. Gleichzeitig komprimiert das, was bei den geflügelten Flohahnen einmal die Flugmuskeln waren, das elastische Resilinpolster. Wenn sich die Kompression durch Aufheben der Arretierung schlagartig löst, wird explosionsartig die gespeicherte Energie freigesetzt, durch stabförmige Versteifungen aus Kutikula auf den Ansatz des Hinterbeins übertragen, und der Floh schnellt mit einem hörbaren Klick in die Luft, schneller als man mit den Augen folgen kann.

Resilin ist eine hochelastische Substanz, die bis zu 97 Prozent ihrer gespeicherten Energie wieder freigibt – und das schleudert einen Floh mit einer Absprungbeschleunigung aufwärts, die bis zum 140-fachen der Erdbeschleunigung betragen kann. Der Katzenfloh *Ctenocephalides felis* kann ohne weiteres 34 Zentimeter hoch springen; das entspricht bei einem 1,83 Meter großen menschlichen Athleten einem Hochsprung von 31 Metern. Ein hungriger Floh auf der Suche nach einem Wirtstier kann 600 mal pro Stunde springen, und das drei Tage lang.

Viele Insekten leben im Wasser und setzen modifizierte Beine als Ruder ein. Wasserwanzen der Gattung *Corixa* und Schwimmkäfer der Gattung *Dytiscus*

EIN WORKSHOP ÜBER BEINE

Links: *Diese Nachtfalterraupe* Apopestes spectrum *(Israel) kann mit ihren kurzen, fleischigen, krallenbewehrten Beinstummeln beides: laufen und sich an der Kante des Blattes festhalten, an dem sie gerade frißt.*

Unten: *Ein kopulierendes Paar Blumenkäfer,* Genyodonta flavomaculata *(Südafrika). Die Krallen an den verlängerten Vorderbeinen des Männchens sind eine Anpassung, die es ihm ermöglicht, sich am Weibchen festzuhalten.*

Insekten haben eine verwirrende Vielfalt an Beinen entwickelt. Abgesehen von den Spezialisationen der Hochgeschwindigkeitsläufer oder Springer reichen die Anpassungen von den Raub(Beutegreifer-)beinen der Gottesanbeterinnen und einiger Raubwanzen bis zu den abgeplatteten und reich bedornten Grabbeinen der Maulwurfsgrillen, Mistkäfer und einiger Schwarzkäfer. Die Männchen der Schwimmkäfer tragen große Saugnäpfe an der Unterseite ihrer Vorderbeine, mit denen sie sich während der Paarung am Weibchen festhalten. Einige Bienenmännchen haben dichte Säume aus dicken, steifen Haaren an den Vorderbeinen, mit denen sie während der Paarung die Augen des Weibchens abdecken: Scheuklappen gegen die optischen Signale von Rivalen. Bienenweibchen haben zahlreiche modifizierte Strukturen an den Beinen für den Pollentransport (siehe Kapitel 4). Die Liste der Beinvarianten scheint endlos: Wenn es einen Spezialjob gibt, der mit Beinen zu tun hat, gibt es irgendwo auch ein Insekt, das sich seinen Lebensunterhalt damit sichert.

AUF ACHSE · 71

Rechts: Stark entwickelte, muskelbepackte Hinterbeine machen diese Nymphe der südafrikanischen Heuschrecke Zonocerus elegans zu einem kräftigen Springer.

Unten: Die Vorderbeine dieser Maulwurfsgrille aus Trinidad, Gattung Gryllotalpa, sind Grabwerkzeuge. Sie gräbt Tunnels um an den Wurzeln zu fressen.

Rechts: Die Vorderbeine dieser Gottesanbeterin aus Costa Rica sind hervorragend ausgestattet um Beuteinsekten zu packen und festzuhalten.

zum Beispiel haben an ihren Beinen dichte Säume von gelenkig ansetzenden Haaren. Beim Ruderschlag spreizen sich die Haare und vergrößern die Oberfläche der Beine und damit auch den Wasserwiderstand; beim Vorziehen der Beine dagegen biegen sich die Haare an der Basis ab, legen sich flach dem Bein an und reduzieren den Wasserwiderstand.

DIE STANDHAFTEN

Für einige Insekten geht es einzig und allein darum, die Stellung zu halten. Weibchen der sogenannten Vapourer-Motte zum Beispiel haben keine funktionsfähigen Flügel. Sobald das Weibchen aus seinem Seidenkokon gekrochen ist, lockt es ein Männchen an, indem es einen bestimmten Duft verströmt. Dann legt es seine Eier auf die Reste des Kokons und stirbt.

Wenn parasitische Insekten wie Läuse erst einmal einen Wirt gefunden haben, sind sie vor allem daran interessiert zu bleiben, wo sie sind. Sie haben modifizierte Greifklauen, mit denen sie sich an den Federn oder Haaren ihres Wirtes festklammern.

Die Läusearten, die an das Leben auf Menschen angepaßt sind, haben unterschiedlich strukturierte Klauen – ein Spiegelbild ihrer verschiedenen Habitate. So haben beide, die Kopflaus, *Pediculus capitis*, und die Kleiderlaus, *P.humanus*, relativ enggestellte, lange Greifklauen, die an die feineren Haare auf Kopf und Körper mit ihrem meist runden Querschnitt angepaßt sind. Die Filzlaus oder Schamlaus *Pthirus pubis* dagegen hat kürzere, weiter greifende Klauen, die auf das Festklammern an den gröberen Haaren der Schamregion mit ihrem abgeplatteten Querschnitt eingestellt sind.

In den Wäldern Südamerikas gibt es fünf Arten von Kleinschmetterlingen, die meistens ebenfalls daran interessiert sind, zu bleiben wo sie sind: die Weibchen der Faultier-Motten. Ihren Namen verdanken sie der Tatsache, daß sich die erwachsenen Tiere für lange Zeit in die rauhe Körperbehaarung von Faultieren zurückziehen.

Der bekannteste dieser Kleinschmetterlinge ist *Cryptoses choloepi*. Er kann viel schneller fliegen als die anderthalb Kilometer pro Stunde, die seine langsamen Wirtstiere bestenfalls zuwegebringen. Aber er bleibt an Bord, bis das seltene Ereignis stattfindet: Das Faultier kotet. Bis zu drei Monate dauert es, bis die Nahrung die Eingeweide des Faultiers passiert hat, und es uriniert und kotet nur einmal in der Woche. Wenn das Faultier seine Ausscheidungen absetzt, verläßt der kleine Schmetterling das Fell und legt seine Eier in die Exkremente des Faultiers. Die Raupen ernähren sich von Kot, verpuppen sich im Kot, und die neue Generation fertiger Schmetterlinge macht sich auf die Suche nach Faultieren, auf denen sie wieder per Anhalter reisen können.

Eine männliche Holzbiene der Gattung Xylocopa *(Kenia) rüttelt in ihrem Territorium. Der extrem hochfrequente Flügelschlag beim Rütteln erfordert nicht nur feinst abgestimmte neuromuskuläre Steuerung, er setzt auch voraus, daß energiereiche Nahrung, in diesem Fall Nektar, jederzeit zugänglich ist.*

FLÜGEL

Die Evolution der Flügel hat den Insekten endgültig zum Durchbruch verholfen: Weil sie fliegen können, wurden sie zu perfekten Pionieren, zu Kolonisten des gesamten Globus. Dank ihrer Anpassungsfähigkeit und ihres Potentials für rasante Evolution sind Insekten in alle Welt vorgedrungen, sogar in einige extreme Lebensräume des Planeten.

Fossilfunde belegen, daß es seit mindestens 305 Millionen Jahren geflügelte Insekten gibt. Weil es keine Insektenfossilien gibt, die eine Brücke zwischen flügellosen und geflügelten Formen schlagen, können wir nur darüber spekulieren, wie sich Flügel entwickelt haben könnten.

Einer Theorie zufolge haben sich unter den wasserlebenden Insekten Flügel aus paddelartigen Auswüchsen entwickelt, die seitlich aus dem Thorax herausragten und mit dem Schwimmen zu tun hatten. Eine neuere Theorie gründet sich auf Beobachtungen an heutigen Eintagsfliegen und Steinfliegen – über 250 Millionen Jahre alten Insektengruppen. Bei beiden Gruppen leben die Larven im Wasser, und die erwachsenen Insekten können fliegen. Oft sieht man, wie die ausgewachsenen Tiere bei ruhigem Wasser über die Wasseroberfläche gleiten, wobei sie ihre Flügel wie Paddel benutzen. Man vermutet nun, daß Flügel auf solche Paddel zurückgehen, mit deren Hilfe die erwachsenen Insekten über den Oberflächenfilm des Wassers gleiten konnten.

FLUG: DIE ANTRIEBSSYSTEME

Fluginsekten haben zwei Flügelpaare, die als häutige Ausstülpungen seitlich aus dem Thorax entspringen. Adern – Verdickungen der Kutikula, die den Flügel bildet – stützen die Flügelhaut. Queradern verbinden die Hauptadern untereinander und versteifen das Ganze. Die Adern enthalten Tracheen, Nervenfasern und Blutgefäße.

Die Flügel werden von Muskeln im Thorax bewegt, aber auf zwei sehr verschiedene Arten: Bei den primitiveren Insekten wie Schaben und Libellen werden die Flügel direkt durch Muskeln bewegt, das heißt, die Muskeln setzen direkt an den Flügelbasen an. Zwei Muskelpaare gibt es: eines für den Aufwärtsschlag, das andere für den Abwärtsschlag (siehe Zeichnung rechts). Obwohl das direkte Flugmuskelsystem eine alte und primitive Konstruktion ist, sind Libellen äußerst wendige Flieger.

Bei den höherentwickelten Insekten werden die Flügel von zwei Paaren indirekter Muskeln bewegt. Statt an den Flügelbasen setzt ein Muskelpaar am Rückenschild, *Tergum*, und am Bauchteil, *Sternum*, an und das andere vorn und hinten am Thorax.

Wenn sich die Muskeln kontrahieren, die am Rückenschild ansetzen, werden das Tergum und somit die Flügelbasen heruntergezogen, was die Flügel nach oben schlagen läßt. Wenn sich dagegen die Muskeln kontrahieren, die von vorne nach hinten durch den Thorax verlaufen, verformt sich das Thoraxgehäuse und die Flügel schlagen nach unten. Für den Bruchteil einer Sekunde entspannt sich das jeweilige Muskelpaar nach dem Aufwärts- beziehungsweise dem Abwärtsschlag, und das erlaubt dem elastischen Thoraxgehäuse, wieder seine ursprüngliche Form anzunehmen und sich auf die nächste Muskelkontraktion einzustellen. Diesen ›Klick‹-Mechanismus können Sie sich so vorstellen: Wenn Sie eine kleine Blechschachtel mit konvexem Deckel zwischen Daumen und Zeigefinger drücken, werden Deckel und Boden nach innen gedellt; wenn Sie nachlassen, nimmt die Dose mit einem hörbaren Klick wieder ihre alte Form an. Indirekte Flugmuskeln findet man bei Schmetterlingen und Käfern, bei Fliegen, Ameisen, Wespen und Bienen. Solche Insekten haben zwar auch direkte Flugmuskeln, aber die sind an der Krafterzeugung nicht beteiligt; sie haben vielmehr mit der Ausrichtung der Flügel zu tun, mit den Winkeln, die die Flügel im Verhältnis zur Flugrichtung einnehmen, um Seitenwinde zu kompensieren und in engen Wendungen gegenzuhalten.

Einige Insektengruppen verbessern ihre aerodynamische

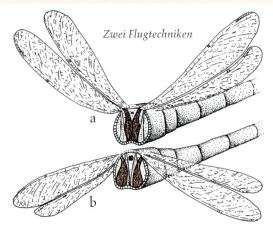

Oben: *Direkte Flugmuskeln im Thorax einer Libelle (die jeweils aktiven Muskeln sind farbig gekennzeichnet). A zeigt die Muskeln für den Flügelaufschlag, B die Muskeln für den Abschlag. Rechts: Indirekte Flugmuskeln in einem Fliegenthorax. C zeigt die Muskeln für den Aufschlag, D jene, die den Abschlag auslösen.*

Leistungsfähigkeit noch, indem sie Vorder- und Hinterflügel miteinander koppeln; das wirkt sich günstig auf die Steuerung aus. Manche Schmetterlinge verbinden die Flügel, indem ein oder mehrere Borsten an der Vorderkante des Hinterflügels in eine Haltestruktur an der Hinterkante des Vorderflügels einklinken. Einige Köcherfliegen und alle Ameisen, Wespen und Bienen haben eine Reihe von Haken an der Vorderkante der Hinterflügel, die in eine Falte an der rückwärtigen Kante des Vorderflügels greifen.

Aerodynamisch am leistungsfähigsten sind die echten, zweiflügeligen Fliegen, zum Beispiel Schmeißfliegen, Hausfliegen, Bremsen und Raubfliegen. Ihre Hinterflügel haben sich zu einem Paar bemerkenswerter Gleichgewichtsorgane umgewandelt: den Schwingkölbchen oder Halteren. Sie sehen aus wie Keulen und schließen mit einem ausgeprägten Knubbel ab.

Im Flug schlagen die Halteren im gleichen Rhythmus (aber gegensinnig) wie die Flügel. Weil der Knubbel schwerer ist als der Rest der Halteren, schlägt er ständig in eine Richtung. Wenn die Fliege plötzlich die Richtung ändert –

Oben: *An dem rastenden Großlibellenmännchen der Art* Celithemis eponina *(Florida, USA) ist deutlich das dichte Adernetz zu sehen, das die Flügelmembranen stützt und verstärkt.*

Unten: *Bei Fliegen – im Bild eine Wiesenschnake,* Tipula paludosa *(England) – sind die Hinterflügel zu trommelstockförmigen Gebilden, den sogenannten Halteren, umgewandelt.*

aus eigener Entscheidung oder weil ein Windstoß sie trifft –, verdreht sich der »Stengel« der Halteren; dichte Felder von Sinneszellen am »Stengel« leiten Daten über die Stellung des Insekts zum Gehirn, worauf die Fliege ihre Flughaltung korrigieren und gerade weiterfliegen kann.

Insekten mit indirekten Flugmuskeln können enorme Kräfte freisetzen: Sogar langsam fliegende Schmetterlinge schlagen fünfmal pro Sekunde mit den Flügeln, Bienen ungefähr 180 mal pro Sekunde. Aber den Rekord halten winzige Mücken zusammen mit einigen Schwebfliegen: Sie bringen Flügelschlagfrequenzen von über 1 000 pro Sekunde zustande. Schwebfliegen schwirren mit dieser phänomenalen Flügelschlagrate, wenn sie ihrem Namen am meisten gerecht werden: beim Schweben. Auf ihren reißenden Flügen erreichen sie Geschwindigkeiten von 16 Stundenkilometern. Die schnellsten Insekten finden sich unter den tropischen Wespen und Bienen, die bis zu 72 Stundenkilometern schnell werden. Insekten haben dieselbe Nennleistung wie der Kolbenmotor eines Flugzeugs oder setzen ungefähr 30mal soviel Kraft frei wie ein menschlicher Beinmuskel.

Rechts: *Die Flügelmembranen von Fluginsekten – hier ein ruhender Laternenträger der Gattung* Pyrops *(Malaysia) – werden von einem Netzwerk verdickter Adern gestützt.*

Unten: *Die Vorderflügel von Käfern sind zu hornigen Deckeln, den Elytren geworden und schützen die häutigen Hinterflügel, wenn das Insekt nicht fliegt. Doch die steifen Elytren sind im Flug keineswegs nutzlos: Sie geben Auftrieb, wenn ein Käfer abhebt; im Bild der afrikanische Bockkäfer* Tragocephala variegata.

Selbst kurze Stummelflügel wären in so einem Fall wirksam, weil das Körpergewicht des Insekts vom Wasser unterstützt wird, so daß die üblichen Berechnungen vom Verhältnis Kraft zu Gewicht nicht zutreffen würden. Und je länger die Flügel wären, desto schneller könnte das Insekt gleiten. Falls die natürliche Selektion längere, kräftigere Flügel zum Gleiten deutlich begünstigt hat, könnten sich Flügel entwickelt haben, ohne dem kritischen Verhältnis von Kraft zu Gewicht unterworfen zu sein, das fürs Fliegen gilt. Beinahe zufällig hätte die Entwicklung dann schließlich zur Flugfähigkeit geführt.

Anders als die *Pterodactyla*, eine Unterordnung der Flugsaurier, anders als die Vögel und Fledermäuse mußten Insekten keine Gliedmaßen verlieren, um fliegen zu können. Die Flügel aller anderen flugfähigen Lebewesen haben sich aus ihren Vorderbeinen entwickelt, aber Insekten haben auf dem Boden ja alle sechs Beine frei. Käfer haben sich in einem weiteren Punkt an ein Leben auf dem Erdboden angepaßt: Sie benutzen zum Fliegen nur ihre Hinterflügel, ihre Vorderflügel dagegen haben sich in robuste, hornige Deckflügel umgewandelt. Sie schützen die empfindlichen Hautflügel, wenn der Käfer nicht in der Luft ist. Die meisten Käfer können ohne weiteres fliegen, aber auf dem Boden können sie mit sicher verstauten Hinterflügeln selbst durch Spalten in Erde und Rinde und durchs Fallaub rennen. Deckflügel sind wahrscheinlich das Erfolgsgeheimnis der

AUF ACHSE · 79

Links: *Ein Taubenschwänzchen,* Macroglossum stellatum *(England), tankt rüttelnd Nektar an einer Gartenblume.*

Rechts: *Ein Männchen des bizarren, blätterrollenden Giraffenrüsslers* Trachelophorus giraffa *(Madagaskar) schwingt sich von seinem Startplatz, einem Blatt, in die Luft.*

Oben: *Ein Heliconiidae-Falter* Heliconius erato favorinus *(Peru). Er hat eine zarte, flatternde Art zu fliegen: Schmale, abgerundete Flügel und der schlanke Thorax, der die Flugmuskeln enthält, deuten darauf hin.*

Rechts: *Dieser Dickkopffalter der Gattung* Jemaida *(Kolumbien) dagegen hat einen raschen, reißenden Flug, was sich in den breiten, Flügeln und dem massigen Thorax mit den kräftig entwickelten Flugmuskeln zeigt.*

Käfer. Und erfolgreich sind sie wahrhaftig, wenn Artenzahlen irgendetwas aussagen: Käfer repräsentieren 32 Prozent aller Tierarten. Wenn Fliegen Weltmeister in der Luft sind, dann sind Käfer Weltmeister am Boden.

Wie sich das Fliegen in der Evolution auch immer entwickelt haben mag, jedenfalls war es dem Überleben der Insekten höchst förderlich. Weil sie fliegen können, sind die erwachsenen Tiere von Arten mit blattfressenden Larven imstande, neue Wirtspflanzen zu finden, auf die sie ihre Eier legen können. Und Fliegen gehört bei den meisten Insekten wesentlich zur Partnersuche.

AUSBREITUNG UND WANDERUNG

Viele Insekten, die in einem eng umschriebenen Habitat leben, unternehmen nur kurze Flüge, um sich auszubreiten. Ameisen und Termiten sehen wir meist ungeflügelt, aber ihre Geschlechtstiere haben Flügel; nach der Paarung fliegen die Weibchen los, um einen geeigneten Platz zu suchen, an dem sie eine neue Kolonie gründen können. Erwachsene Wasserinsekten und Schwimmkäfer fliegen manchmal von einem Teich zum anderen, wenn der ursprüngliche Teich auszutrocknen beginnt. Die Lebensräume von spezialisierten Insekten wie holzbohrende Käfer oder Mistkäfer sind nicht gleichmäßig verteilt. Ein Mistkäfer, der nach einem neuen Dunghaufen sucht, muß vielleicht einen Ozean von Gras durchqueren, um einen neuen zu finden. Mit Flügeln fallen diese kleinräumigen Wanderungen leichter.

Fluginsekten sind imstande, weitere Wanderungen zu unternehmen, weg von

Eine Schar der Jersey Tiger Moth, Euplagia quadripunctaria, *hat sich nach ihrem Wanderflug in einem tiefen Tal auf der Insel Rhodes niedergelassen, um Temperaturextremen zu entfliehen. Wegen dieser alljährlichen Wanderungen zum immer selben Ort heißt dieses Tal bei den Einheimischen das Tal der Schmetterlinge.*

jahreszeitlich bedingten Klimaextremen, und manchmal hat das spektakuläre Folgen. Jedes Jahr versammeln sich Tausende von Eulenfaltern, *Agrotis infusa*, in den Spalten einiger weniger Granit-Felsnasen in der Nähe von Canberra, Australien. Sie wandern weit, um der Hitze des Tieflandes zu entkommen, und sie drängen sich so dicht zusammen, daß die vielen Flügel im Heer der Eulenfalter wie Dachziegel aussehen, die einander überdecken.

Diese Art Massenwanderung kommt häufig vor, und für riesige, weit verstreute Populationen ist es typisch, daß sie jedes Jahr zur selben Zeit zu einigen wenigen Ruheplätzen ziehen. In einem tiefen Tal in Rhodes, dem sogenannten Schmetterlingstal, versammeln sich jeden Sommer bei sehr trübem Wetter Millionen von Jersey-Tigermotten, *Euplagia quadripunctaria*. Und in Kalifornien wandert eine Marienkäferart, *Hippodamia convergens*, jedes Jahr im Spätfrühling vom heißen, trockenen Central Valley in die Kühle des Sierra Nevada-Gebirges. Dabei verlangen die Marienkäfer ihren Flugkünsten das äußerste ab: Sie fliegen bis auf etwa anderthalb Kilometer Höhe. Dann werden sie von den jahreszeitlich vorherrschenden Winden in die Berge getragen, wo sie sich zu Millionen auf Baumstämmen versammeln. Sie verbringen den Winter hier, und machen sich im nächsten Frühjahr zeitig auf den Rückweg ins Central Valley. Wieder wenden sie dieselbe Taktik an, aber diesmal wehen die vorherrschenden Winde günstigerweise in Gegenrichtung.

Regionale Futterknappheit und Wetterumschwünge, die nicht der Jahreszeit entsprechen, versetzen Schmetterlinge in Wanderstimmung. So überquert die 15 Millimeter kleine Kohlmotte, *Plutella maculipennis*, regelmäßig die Nordsee, um in England einzufallen und fliegt oft auch übers Mittelmeer. Der Distelfalter *Vanessa cardui* unternimmt regelmäßig Massenwanderungen durch Europa und hat sich jetzt so weit ausgebreitet, daß er fast überall auf der Welt zu finden ist.

Das größte wandernde Insekt ist der Monarch, *Danaus plexippus*. Er wandert nicht nur regelmäßig über den nordamerikanischen Kontinent (siehe Seite 82-83), sondern fand sogar seinen Weg bis nach Australien, Neuseeland und Hawaii, wo er sich jetzt angesiedelt hat. Nach anhaltenden, starken Westwinden landet dieser Falter gelegentlich in England, aber da hier die richtigen Nahrungspflanzen für seine Raupen fehlen, kann er sich dort auf Dauer nicht halten.

Relativ wenige Insekten sind als Flieger stark genug, um aktiv die Barriere der Ozeane zu überfliegen, aber viele werden passiv vom Wind verfrachtet: Sie geraten in Aufwinde, regionale Luftströmungen tragen sie hinaus übers Meer und vielleicht haben sie das Glück, an irgendeinem gastlichen Fleck zu landen. Nur ein winziger Bruchteil der Insektenfauna auf entlegenen Inseln geht auf aktive Einwanderung zurück. Passive und zufällige Ausbreitung – vorausgesetzt, man gibt ihr genügend Zeit – genügt, um alle Inseln mit Insekten zu besiedeln. Das wäre nie möglich gewesen, wenn die Insekten nicht fliegen gelernt hätten. Die Besiedlung neuer Inseln ist eine der aufregendsten Folgen des Insektenfluges.

WANDERNDE MONARCHEN

Eines der Wunder in der Insektenwelt sind die alljährlichen Wanderungen des Monarch-Schmetterlings *Danaus plexippus* durch Amerika. Ungefähr fünf Millionen Monarchen wandern aus dem südwestlichen Kanada und den nordwestlichen USA an die Küste Kaliforniens und überwintern dort an 45 Rastplätzen; und mindestens 100 Millionen Falter ziehen vom östlichen Süd-Kanada und den östlichen USA nach Mexiko, wo sie sich an nur elf Stellen im Vulkangebirge Zentral-Mexikos niederlassen (siehe Karte gegenüber). Sie fallen dort in solchen Massen ein, daß manchmal unter ihrem Gewicht die Äste brechen.

Im Frühjahr fliegen die Schwärme, die in Kalifornien überwintert haben, ins Central Valley und an den Fuß der Westhänge der Sierra Nevada. Hier sterben sie, nachdem sie ihre Eier auf Schwalbenwurzgewächsen der Gattung *Asclepias* der Futterpflanze der Raupen, abgelegt haben. Monarchen, die in Mexiko überwinterten, fliegen in die Golfregion der Vereinigten Staaten. Dort legen auch sie Eier ab und sterben. Die nächste Generation Schmetterlinge setzt den Weg ins Landesinnere fort, legt Eier, und so lösen sich bis zu fünf Generationen auf dem Weg nach Norden ab, bis sie die nördlichste Grenze des Monarchen-Verbreitungsgebietes wieder besiedelt haben.

Einzelne Falter der Generationen, die im Frühling und Frühsommer nach Norden ziehen, fliegen nur wenige hundert Kilometer weit; die Schmetterlinge der letzten Herbstgeneration aber, die nach Süden wandern, fliegen Strecken bis zu 4 800 Kilometer. Entomologen haben Monarchen markiert und herausgefunden, daß sie in ein paar Tagen 1 900 Kilometer weit fliegen und dabei im Schnitt 130 Kilometer pro Tag schafften. Wanderer auf dem Weg nach Süden flattern bis zu 1 000 Meter hoch und lassen sich dann kräftesparend vom Wind tragen. Sie tanken regelmäßig Nektar an Blumen, um ihre Fettdepots, ihre »Brennstoffreserven«, zu erhalten.

Ungewiß ist nur, wie Monarchen eigentlich navigieren. Man nimmt an, daß sie sich vielleicht an der Sonne als Bezugspunkt orientieren, oder daß sie Rezeptoren für das Magnetfeld der Erde haben.

Monarchen wandern aus zwei Gründen: Erstens fliegen sie

Oben: *Die mexikanischen Behörden haben den Wert der Monarchen für den Tourismus erkannt. Dieses Schild bittet Autofahrer, wegen der wandernden Falter das Tempo zu drosseln.*

Links: *Überwinternde Monarchen drängen sich auf einem Baum in El Rosario, Mexiko.*

Oben: *Die wandernden Monarchen: Das Sommergebiet der westlichen Population ist hellbraun, das der östlichen in dunklerem Braun markiert.*

Unten: *Ein Monarch Danaus plexippus (USA) auf Wanderung tankt Nektar an einer Blume.*

nach Süden, weil weder Eier, Larven, Puppen noch erwachsene Falter das eisige Winterwetter aushalten können, das zum Klima des Nordens und zum Kontinentalklima des Landesinneren gehört. Zweitens gedeihen die Futterpflanzen der Larven nicht an den Überwinterungsplätzen in Kalifornien und Mexiko. Die Frühlingsgenerationen, die nach Norden fliegen, wandern deshalb in Gebiete, wo diese Pflanzen im Überfluß vorkommen.

Die richtigen Nahrungspflanzen sind für die Larven lebenswichtig. Sie entziehen den Blättern Gifte, die sie als chemische Verteidigungswaffe nutzen (siehe Kapitel 5).

Leider sind die Wanderungen der Monarchen derzeit ziemlich gefährdet. Das Wachstum der Städte in Kalifornien und das Vordringen der Landwirtschaft in Mexiko haben die Zahl der Rastplätze schrumpfen lassen. Zwar besteht einige Hoffnung, daß der blühende Ökotourismus den Schutz dieser Plätze zu einem lohnenden Geschäft macht, aber dann müssen sie auf eine monarch-freundlichere Art betreut werden als bisher.

Eine fleischfressende Raupe des Hawaiianischen Nachtfalters Eupithecia oricloris *frißt einen Netzflügler, den sie gefangen hat. Diese Lauerjäger besetzen mit ihrer Technik des Überraschungsangriffs die Nische, die sonst den Gottesanbeterinnen gehört – aber die gibt es auf Hawaii nicht.*

Die Lavagrillen auf Hawaii der Gattung *Caconemobius* sind ein lebender Hinweis darauf, daß ständig ein Regen windverfrachteter Insekten niedergeht. Diese Grillen – die ersten Insekten in einer Abfolge von Insektenarten, die frisch abgekühlte Lavaströme kolonisieren – ernähren sich nur von angewehten Insekten, die auf der Reise zugrundegegangen und hier gelandet sind.

Die gutentwickelte Insektenfauna ozeanischer Inseln liefert weitere Beweise dafür, daß passive Ausbreitung durch den Wind gut funktioniert; diese Inseln haben sich definitiv vom Meeresboden emporgehoben und hatten nie irgendeine direkte Verbindung mit dem Festland.

Ein überraschendes Beispiel für das Phänomen Ausbreitung findet sich unter den Wespenarten der Gattung *Timulla*, deren Larven sich als Parasiten ausgereifter Larven und Puppen von Wespen und Bienen entwickeln. Auf den ersten Blick scheinen einem die Weibchen dieser Wespen schlechte Anwärter für die Verfrachtung auf Inseln, gleichgültig ob ozeanische oder andere, und zwar aus einem einfachen Grund: Sie haben keine Flügel. Die Männchen aber sind voll flugfähig und dazu noch sehr kräftige Flieger. Das müssen sie auch sein: Zu ihrem Paarungsritual gehört, daß sie ihre Partnerinnen im Flug mit sich tragen, wobei sie eigens modifizierte Mundwerkzeuge und Genitalien einsetzen.

Im Jahre 1883 erschütterte eine gewaltige vulkanische Explosion die Insel

Krakatau zwischen Sumatra und Java und vernichtete die gesamte Flora und Fauna. Krakatau ist etwa 25 Kilometer vom nächsten Stück Land entfernt. Innerhalb einiger weniger Jahre waren Männchen und Weibchen besagter Wespengattung unter den vielen Insekten, die man auf der Insel fand.

Wenn Insekten auf einer ozeanischen Insel ankommen, finden sie vielleicht Lebensräume und Klimata vor, die sich erheblich von denen unterscheiden, die sie gewohnt sind. Wenn die neuen Gegebenheiten innerhalb des Toleranzbereichs der Neuankömmlinge liegen, und sie geeignete Nahrung vorfinden, werden die Insekten überleben. Aber vielleicht sind die Umstände in anderer Hinsicht grundlegend verschieden: Eine ozeanische Insel wird nicht das volle Spektrum an Tieren und Pflanzen haben, das im Herkunftsgebiet des Insekts lebte. Einige wichtige Gruppen, auch Raubfeinde, können fehlen. So etwas schafft für die Einwanderer Gelegenheiten in Form unbesetzter ökologischer Nischen. Die neuen Möglichkeiten können so günstig sein, daß Pioniere schließlich eine explosive Evolution durchlaufen und viele neue Arten entwickeln, um die freien Nischen zu besetzen. Viele Insekten, die erfolgreich auf einer Insel gelandet sind, verlieren übrigens ihre Flugfähigkeit: Es ist fast so, als sei *ein* größeres Abenteuer in ihrer evolutionären Vergangenheit genug gewesen.

Die Inselwelt von Hawaii liefert viele Beispiele für Insekten, die neue Nischen besetzen. Hier leben Raupen mehrerer Spannerarten, die sich wie Gottesanbeterinnen benehmen. Gottesanbeterinnen kommen auf Hawaii nicht vor, deshalb ist die Nische für Insekten, die ihre Beute im Überraschungsangriff packen, unbesetzt. Die freie Lücke wurde von einigen Raupenarten der Gattung *Eupithecia* gefüllt; sie sehen aus wie Zweige und sitzen reglos da. Wenn ein Insekt versehentlich über eine von ihnen hinwegläuft und dabei spezielle Haare berührt, löst es damit eine blitzschnelle Reaktion aus: Die Raupe läßt besondere modifizierte Vorderbeine vorschnellen, packt die Beute und frißt sie.

Hawaii liefert noch mehr gute Beispiele. Die Inseln sind, an geologischen Maßstäben gemessen, noch sehr jung, sie haben sich erst vor 800 000 Jahren gebildet. Es gibt dort 500 Arten von Fruchtfliegen, die einzig und allein auf dem Archipel vorkommen, und alle stammen von einigen wenigen Zufallspionieren ab. Tatsächlich gibt es 6500 Insektenarten, die nur auf Hawaii und sonst nirgendwo leben und man nimmt an, daß sie von nur 250 Arten abstammen, die es geschafft haben, den Pazifik als Zufallspassagiere zu überqueren.

Fliegenkönnen war und ist ein Schlüssel zum Erfolgsgeheimnis der Insekten. Und der Flug der Insekten hat noch immer einen tiefgreifenden ökologischen Einfluß auf den Planeten als Ganzes: Die überwältigende Mehrheit der Blütenpflanzen, unsere Kulturpflanzen eingeschlossen, nutzen Fluginsekten als ahnungslose Befruchter. Fluginsekten tragen entweder als Gehilfen im Geschlechtsleben der Pflanzen oder als Besiedler ozeanischer Inseln zur Schaffung und Erhaltung der biologischen Vielfalt bei.

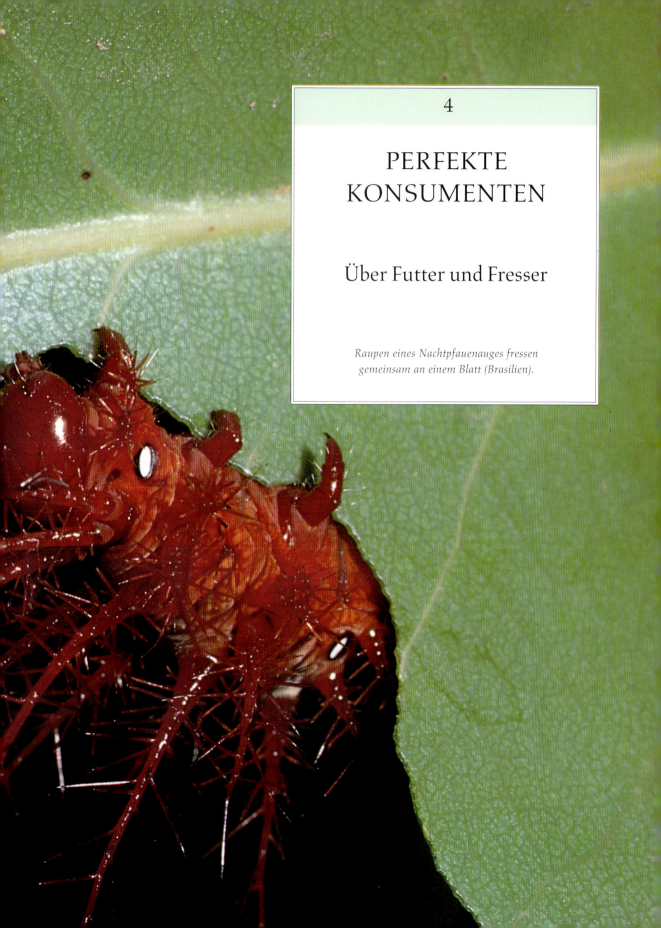

4

PERFEKTE KONSUMENTEN

Über Futter und Fresser

Raupen eines Nachtpfauenauges fressen gemeinsam an einem Blatt (Brasilien).

Vielfalt durch Spezialisation ist ein wichtiges Thema im Leben der Insekten. Ein Spiegelbild dieser Vielfalt ist das enorm große Nahrungsspektrum der Insekten, und das wiederum wird erst durch die verblüffende Formenvielfalt im Insektenreich möglich gemacht: All die unübersehbar vielen Insektenarten teilen sich die Ressourcen höchst effizient untereinander auf.

Insekten können Pflanzenfresser, Fleischfresser und Aasfresser sein; Allesfresser sind relativ selten. Viele Arten sind Spezialisten – nicht nur in der Wahl ihrer Nahrung, sondern auch darin, wie sie ihre Nahrung finden oder fangen. Und viele haben enge, symbiontische Beziehungen zu anderen Pflanzen oder Mikro-Organismen entwickelt.

ARBEITSWERKZEUGE

Insekten haben Mundwerkzeuge, die entweder zum Beißen und Kauen oder zum Stechen und Saugen konstruiert sind (siehe Seiten 90-91). Zu den Insekten mit beißend-kauenden Mundwerkzeugen gehören die Libellen, Schaben, Heuschrecken, Grillen, Gottesanbeterinnen, Gespenstschrecken, Ohrwürmer und Käfer. Schmetterlinge haben in ihrem Raupenstadium beißende und als Erwachsene saugende Mundwerkzeuge.

Eine primitive Gruppe von Nachtschmetterlingen hat funktionsfähige Kiefer behalten und sich auf das Kauen von Pollenkörnern spezialisiert. Die Raupen dieser Falter besetzen eine andere Nische: Sie weiden Moose ab.

Insekten, die sich von schwer zugänglichen Flüssigkeiten wie Säften oder Blut ernähren, haben Mundwerkzeuge, die stechen *und* saugen können; Läuse, Wanzen, Fransenflügler, Flöhe und einige Fliegen, zum Beispiel Raubfliegen, und Mücken gehören dazu.

Leicht zugängliche Flüssignahrung wie Nektar, Urin und die Flüssigkeiten aus Exkrementen und verwesenden Kadavern werden von Insekten mit saugenden Mundwerkzeugen geschlürft, zum Beispiel von Fliegen und Schmetterlingen.

Wespen, Ameisen und Bienen scheinen eine Ausnahme von der Regel zu sein: Alle Arten haben beißende *und* saugende Mundwerkzeuge; allerdings werden die Kiefer selten zum Fressen benutzt sondern beim Nestbau und beim Bearbeiten von Baumaterial wie Blättern, Harz und Wachs eingesetzt.

Rechts: Diese Laubheuschrecke der Gattung Euconocephalus *(Australien) zerquetscht mit ihren beißenden Mundwerkzeugen die Staubbeutel einer Blume, um den Pollen fressen zu können.*

Jagende Wespen, etwa von der Gattung *Ammophila*, und kurzrüsselige Hummeln wie zum Beispiel *Bombus terrestris* können ihre Kiefer indirekt zum Fressen benutzen, indem sie sich damit Zugang zum Futter verschaffen. Wenn beispielsweise ein *Ammophila*-Weibchen eine Raupe gefangen und gestochen hat, setzt es seine Kiefer ein, um Körperflüssigkeiten aus der Raupe herauszuquetschen, die es dann aufsaugt, bevor es seine Beute zurück zum Nest bringt, um sie dort als Nahrung für die Larven einzulagern.

WAS EINEN BESTECKFABRIKANTEN ZUR VERZWEIFLUNG TREIBEN WÜRDE...

Die Vielfalt der Insekten spiegelt sich in einer enormen Formenvielfalt ihrer Mundwerkzeuge wider. Insekten, die auf Flüssignahrung spezialisiert sind, haben zu Saugröhren verschmolzene Mundwerkzeuge; die Mundwerkzeuge von Arten, die sich von Säften oder Blut ernähren, sind auch zum Stechen eingerichtet. Die ursprünglichen beißenden und kauenden Gebilde sind bei Arten erhalten geblieben, die feste Nahrung fressen. Bienen und Wespen haben beides: saugende und beißende Mundwerkzeuge, aber bei fast allen Arten werden die Kiefer weniger zum Fressen als zur Bearbeitung von Nestbaumaterial eingesetzt.

Oben: *Dieser Rüsselkäfer,* Rhina barbirostris *(Costa Rica), hat winzige Kiefer an der Spitze seines Rüssels.*

Rechts: *Ein sogenannter Wasserskorpion,* Nepa cinerea *(England), saugt das Blut eines Stichlings, nachdem er ihm mit seinen röhrenförmigen Mundwerkzeugen tödliches Gift injiziert hat.*

Rechts: *Ein weiblicher Harlekinkäfer,* Acrocinus longimanus *(Trinidad), beißt mit seinen kräftigen Kiefern ein Loch ins Holz, um Eier hineinzulegen. Das Käferweibchen ist von hunderten winziger, roter Milben bedeckt; sie leben von der organischen Materie, die an ihr hängengeblieben ist.*

Links: *Ein Soldat der Blattschneiderameise* Atta bisphaerica *(Brasilien) beißt mit seinen mächtigen Kiefern ein Loch in eine Frucht. Der massige Kopf beherbergt die kräftige Kiefermuskulatur, die zur Verteidigung ebenso eingesetzt wird wie zur Bearbeitung von Nahrung oder Nestmaterial.*

PERFEKTE KONSUMENTEN · 91

Arbeiterinnen von *Bombus terrestris* beißen Löcher in die Blütenbasis langkelchiger Blumen wie Beinwell, um Zugang zu den Nektardrüsen zu bekommen; ihre Rüssel sind zu kurz, um den Nektar auf »rechtmäßigem« Weg zu erreichen.

PFLANZENFRESSER

Über die Hälfte aller Insekten sind Pflanzenfresser, und ungefähr fünf Prozent aller Blätter werden schließlich von Insekten gefressen. Auch über Wurzeln, Stengel und Blüten fallen sie her. In Wäldern der gemäßigten Klimazone sind Raupen die wichtigsten Blattfresser, und Arten wie der Schwammspinner, *Lymantria dispar*, vermehren sich manchmal explosionsartig und richten dann verheerende Schäden in Laubholzbeständen an. So fressen die Raupen des Schwammspinners die Blätter einer ganzen Reihe von Laubbäumen und sind gefürchtete Schädlinge in Obstplantagen.

In wärmeren Klimazonen sind Käfer die vorherrschenden Blattfresser und entlauben manchmal die Bäume. In Australien zum Beispiel verursachen die sogenannten Weihnachtskäfer der Gattung *Anoplognathus* große Schäden an Eukalyptus-Bäumen.

Wie alle vegetarisch lebenden Insekten zapfen auch diese Buckelzirpen, Antianthe expansa, *aus Mexiko den Saftfluß der Pflanzen mit ihren stechend-saugenden Mundwerkzeugen an.*

Der Anteil der Blattfläche, der in Wäldern durchschnittlich an pflanzenfressende Insekten verlorengeht, ist überraschend konstant; er liegt für gemäßigte wie für tropische Wälder und Mangroven-Wälder ungefähr bei 8,8 Prozent. Monokulturen allerdings sind besonders anfällig für Insekten (siehe Kapitel 8), und in Schädlings-Kalamitäten können Bäume restlos entlaubt werden. Pro Jahr gehen im Schnitt 20 Prozent der Ernten durch Insekten verloren. Sogar in naturbelassenen Landschaften werden unter normalen Bedingungen manchmal 20 bis 45 Prozent der Blätter gefressen.

Blätter an Pflanzenfresser zu verlieren, kann für Pflanzen gefährlich werden. Denn Blätter sind die Organe, in denen durch Photosynthese Nahrung erzeugt wird (Photosynthese ist der Prozeß, durch den Sonnenenergie vom grünen Pigment Chlorophyll eingefangen und dazu genutzt wird, aus Wasser und Kohlendioxid Stärke zu erzeugen). Pflanzensauger, zum Beispiel Blattläuse, schwächen Pflanzen nicht nur, indem sie ihnen Saft entziehen, sie übertragen auch Viren.

Aber Pflanzen sind nicht hilflos: Nachdem sie das Land erobert und mehrere Millionen Jahre lang ihr eigenes Leben gelebt hatten, mußten sie sich mit der neuen Bedrohung, den Insekten auseinandersetzen. Sie entwickelten viele geniale Verteidigungsmethoden und waren für ein evolutionäres Wettrüsten bereit, das vor Hunderten von Jahrmillionen begann und bis heute andauert.

Eine einfache Verteidigungsmethode der Pflanzen ist, dafür zu sorgen, daß ihre Blätter mechanisch schwer zu handhaben sind. Viele Arten haben stachelige oder sehr haarige Blätter oder ein dichtes Netz aus zähen, holzigen Adern. Andere Pflanzen, besonders die Gräser, lagern Silikate in ihre Blätter ein, so daß die fressende Raupe eigentlich nur ein Maulvoll zermahlenes Glas bekommt.

Eine Pflanze mit zähen Blättern kann bei Insekten weitreichende Folgen zeitigen. Studien in Nordamerika zum Beispiel haben gezeigt, daß die Weidenblätter, von denen der Blattkäfer *Pladiodera versicolora* und seine Larven leben, den Fortpflanzungserfolg des Käfers boykottieren können: Alte, zähe Blätter sind viermal härter als junge, zarte. Nachdem man eine Stichprobe von 40 gerade geschlüpften Käfern einen Monat lang mit alten Blättern gefüttert hatte, waren deren Kiefer um 13 Prozent kürzer als die Kiefer jener Käfergruppe, die mit jungen Blättern gefüttert worden war; Käfer mit abgenutzten Kiefern verarbeiteten ihre Nahrung langsamer und weniger gründlich, und auch die Weibchen dieser »Testgruppe« legten weniger Eier als die Weibchen, die mit jungen Blättern gefüttert worden waren. Außerdem müssen Käfer, die zähe Blätter fressen, sich mehr Zeit fürs Fressen nehmen und sind folglich einem größeren Risiko ausgesetzt, selbst gefressen zu werden.

Sehr viele Pflanzenarten setzen chemische Kriegsführung gegen Insekten ein. Sie produzieren chemische Verbindungen, die nicht direkt am Stoffwechsel der Pflanze beteiligt sind. Statt dessen werden sie im Gewebe eingelagert, vor allem in den Blättern, die Angriffen ausgesetzt sind. Diese Substanzen heißen sekundäre Pflanzenstoffe; zu ihnen gehören Alkaloide, Cyanid- und Schwefelverbindungen, Harze, Gerbstoffe und ätherische Öle. Sekundäre Pflanzenstoffe wirken auf vielerlei Weise. Manche, wie die ätherischen Öle, schrecken Insekten einfach ab; andere wie die Alkaloide und die Cyanidverbindungen sind giftig, und viele Verbindungen hemmen die Eiablage (siehe auch Kapitel 5).

Gerbstoffe verbinden sich in den Eingeweiden des Insekts mit Proteinen und machen damit die Blätter unverdaulich oder reduzieren ihren Nährwert.

Interessanterweise sind einige dieser sekundären Pflanzenstoffe für den Menschen nicht nur verdaulich, sondern sogar für kulinarische Zwecke oder als Ausgangsmaterial für attraktive Düfte begehrt. Die ätherischen Öle in Kräutern wie Rosmarin, Thymian, Lavendel und Knoblauch haben sich eigentlich als Teil der chemischen Kriegsführung gegen Insekten entwickelt; der Mensch aber hat sich ihrer zu seinem eigenen Nutzen bemächtigt.

Oben: *Sowohl die Larven als auch die erwachsenen Insekten dieser Blattkäfer* (Chrysomelidae) *weiden mit ihren beißenden Mundwerkzeugen die oberste Zellschicht von Blättern ab und skelettieren sie dabei in einem charakteristischen Muster.*

Nächste Doppelseite: *Eine Heuschrecke,* Chromacris colorata *(Mexiko), frißt eine giftige Pflanze aus der Familie der Kartoffeln. Die Warnfarben der Heuschrecke signalisieren, daß sie die Pflanzengifte zur eigenen Verteidigung gespeichert hat.*

Rechts: *Eine Schildwanze der Gattung* Peromatus *(Brasilien) saugt Pflanzensaft. Viele andere Schildwanzen ernähren sich von den Körperflüssigkeiten anderer Insekten.*

Rechts: *Raupen haben beißende Mundwerkzeuge und nagen, wie diese Schwärmerraupe* Pseudosphinx tetrio *(Brasilien), Blätter meistens vom Rand her an. Die auffällige Tracht warnt mögliche Raubfeinde, daß diese Raupe schlecht schmeckt.*

Die Erzeugung sekundärer Pflanzenstoffe kann für die Pflanze teuer sein: Sie kostet Energie, die für die Photosynthese aufgewandt werden könnte. Einige Pflanzen haben eine Methode entwickelt, diese Kosten zu senken: Sie produzieren sekundäre Pflanzenstoffe nicht ständig, sondern nur dann, wenn Insektenschäden anfallen.

Wir haben es nicht anders erwartet: Einige Insekten haben natürlich eine elegante Methode entwickelt, diesen Verteidigungstrick zu unterlaufen. Die Larven des Marienkäfers *Epilachna cucurbitae* hintertreiben das Zustellsystem der Gurkenpflanze für chemische Waffen: Sie suchen sich ein Stück Blatt zum Fressen aus und beißen die Adern durch, die das Blatt versorgen, noch bevor die chemischen Substanzen mobilisiert werden können. Dann fressen sie das Blattstück, das sie so wirkungsvoll entwaffnet haben.

Wir leben in einer Welt des evolutionären Rüstungswettlaufs, in einer Welt der Maßnahmen, Gegenmaßnahmen und Eskalationen. Genauso wie wir uns für unsere Zwecke einiger sekundärer Pflanzenstoffe bemächtigt haben, so haben viele Insekten bei den Pflanzen den Spieß umgedreht: Sie haben Methoden entwickelt, die Pflanzen zu entwaffnen, indem sie Pflanzengifte entgiften, und viele sind selbst zu Chemikalienräubern geworden: Sie separieren die chemischen Waffen der Pflanze und nutzen sie für ihre eigenen Verteidigungsstrategien gegen insektenfressende Reptilien und Vögel (siehe Kapitel 5). Das Blatt hat sich so erfolgreich zu Gunsten einiger Insektenarten gewendet, daß sekundäre Pflanzenstoffe sogar appetitanregend auf sie wirken.

Bei einigen Pflanzen ist die Eskalation noch weitergegangen und hat eine Kette bizarrer, evolutionärer Folgewirkungen in Gang gesetzt. In Nordamerika bedienen sich einige Kleesorten der Gattung *Trifolium* eher der indirekten als der

98 · PERFEKTE KONSUMENTEN

Die raupenartigen Larven der Blattwespen haben beißende Mundwerkzeuge und fressen Blätter. Fast alle Arten sind Nahrungsspezialisten, auch diese Larven von Croesus septentrionalis *(England), die an einem Erlenblatt fressen.*

direkten chemischen Kriegführung gegen die Raupen des Schmetterlings *Plathypena scabra*. Irgendwie merken es die Pflanzen, wenn einige Blätter geschädigt worden sind und setzen chemische Verbindungen frei, die zwar die fressende Raupe nicht behelligen, aber einen Feind der Raupe anlocken: Sie rufen nach Verstärkung in Gestalt der Weibchen einer parasitischen Wespe, die ihre Eier in die Körper der Raupen legen.

Doch damit ist die Geschichte noch nicht zu Ende. Die Raupe hat einen Ausweg entwickelt: Wenn sie eine parasitische Wespe entdeckt, wirft sie sich über den Blattrand und hängt dann an einer seidenen Sicherheitsleine. Das genügt, um die meisten Arten parasitischer Wespen aus dem Konzept zu bringen. Eine Art aber – *Protomicroplitis facetosa* – läßt sich nicht irritieren und hat eine elegante kleine Antwort parat: Sie seilt sich an dem Seidenfaden ab, lähmt die Raupe vorübergehend mit einem Stich und legt ihre Eier in sie hinein. Die Raupe erholt sich und klettert wieder am Faden hinauf, aber ihr Schicksal ist besiegelt: Die wachsenden Wespenlarven fressen ihre Innereien und bringen sie damit allmählich um. Die Geschichte hat noch einen Dreh: Die Raupe frißt weiter, und die Tatsache, daß sie bereits parasitiert ist, lockt eine andere parasitische Wespenart an: *Mesochorus discitergus*.

Und wieder wirft sich die Raupe vom Blatt und hängt an ihrer Rettungsleine aus Seide. Aber auch diese zweite Wespe ist der Situation ebenfalls gewachsen. Statt sich am Faden zu der Raupe abzuseilen, hievt sie sie hoch aufs Blatt. Hier sticht sie die Raupe und legt ihre Eier hinein. Der Gag an der Geschichte ist, daß die Larven dieser Wespe Parasiten der Larven der ersten Wespe sind.

Diese reizende Anekdote vom Leben in nordamerikanischen Kleefeldern veranschaulicht, welchen Einfluß Insekten auf Ökosysteme haben. Eine einzige Anpassung seitens einer Art setzt eine Kette von evolutionären Ereignissen in Gang, denn Insekten bleiben ihrem Ruf treu, die größten Opportunisten der Welt zu sein: Es begann

Ein Eichelbohrer, Balaninus glandium *(England), zieht seinen Rüssel aus einer Eichel heraus. Trotz seines Aussehens hat der Eichelbohrer keine saugenden Mundwerkzeuge; wie alle Käfer besitzt er ein Paar Kiefer, die in diesem Fall an der Spitze des langen Rüssels oder Rostrums sitzen.*

damit, daß pflanzenfressende Insekten den Klee dazu zwangen, sich chemisch zu verteidigen. Die Raupen entwickelten eine Methode, mit dieser Verteidigung fertigzuwerden, worauf der Klee eine Methode erfand, parasitische Wespen zu Hilfe zu rufen. Als Antwort darauf verfielen die Raupen auf ihren Seiltrick. Die parasitischen Wespen wiederum entwickelten gleich zwei Methoden, um diesen Trick zu unterlaufen. In diesem eskalierenden Wettrüsten ist jeder Mitspieler zum extremen Spezialisten geworden und hat sich in der Handlung des Stücks eine unverwechselbare Rolle zugeschrieben.

Pflanzenfressende Insekten können folgenschwere Wirkungen auf ihre Wirtspflanzen haben: Sie können das Wachstum der Pflanzen beeinflussen, ihren Aufbau und sogar die Art, wie sie sich sexuell ausdrücken. In den südwestlichen Vereinigsten Staaten bohren sich die Larven des Schmetterlings *Dioryctria albovitella* in die Stengel und Zapfen der Pinyon-Kiefern, *Pinus edulis*. Wo Bäume gleichen Alters wachsen, sind einige niedrig und buschig von Gestalt, andere groß, aufrecht und baumartig. Diese Unterschiede im Bau spiegeln das Fraßschema von Schmetterlingslarven wider. Bei den kurzen, buschigen Bäumen haben die Larven die Endknospen der Triebe zerstört. Die großen, aufrechten Bäume dagegen haben drei- bis sechsmal weniger Triebe an die Larven verloren. Werden die Larven getötet, ändern die Büsche schließlich ihre Gestalt und nehmen eine eher baummähnliche Wuchsform an.

Pinyon-Kiefern sind einhäusig; sie tragen ihre männlichen Fortpflanzungsorgane (Strobili) an Seitentrieben, die weiblichen Zapfen an den Astspitzen. Weil

HEUSCHRECKENSCHWÄRME

Ein Mann kämpft sich in Nordafrika durch einen Schwarm Wüstenheuschrecken, Schistocerca gregaria.

Ein Schwarm afrikanischer Wüstenheuschrecken ist ein furchterregender Anblick. Er kann ein Gebiet von 1 000 Quadratkilometern bedecken und buchstäblich die Sonne verdunkeln. Solche Schwärme können eine Dichte von 50 Millionen Tieren pro Quadratkilometer haben und aus 50 Milliarden Tieren bestehen. Heuschreckenschwärme sind auf der Suche nach Nahrung und machen sich gierig über jeden grünen Fleck her.

Aber Heuschrecken leben und fliegen nicht immer in Schwärmen. Die meiste Zeit leben sie einzeln als eine Art von vielen aus der Ordnung der Kurzfühlerschrecken. Sie sind dunkel gesprenkelt und verschmelzen mit dem dürren Hintergrund ihrer nordafrikanischen Wüstenheimat. Solange Dürre das tägliche Leben der Heuschrecken bestimmt, bleiben sie einzeln. Aber wenn der Regen kommt und neues, frisches Grün sprießt, beginnen die Heuschrecken gierig zu fressen, Paarungen und Eiablagen werden immer häufiger und eine neue Generation von Nymphen taucht auf. Statt einander wie bisher aus dem Weg zu gehen, werden die Nymphen gesellig und versammeln sich in großen Gruppen. Während sie ihre Entwicklung durchlaufen und dabei fünfmal ihre Kutikula häuten, verändern sie radikal ihr Aussehen: Sie legen ein auffälliges Kostüm aus leuchtend gelben, orangen und schwarzen Streifen an. Für die einzeln lebenden Tiere der »Solitärphase« zahlt es sich aus, dunkel gefärbt und gut getarnt zu sein: Ihre Tracht bietet ihnen Schutz vor hungrigen Vögeln. Aber für Heuschrecken der geselligen Phase liegt die Sicherheit in der Zahl: Das einzelne Tier ist nur einem geringen Risiko ausgesetzt, und die leuchtenden Farben machen es den Nymphen leichter, zueinanderzufinden.

Links: Kräftige Kiefer machen schon eine einzelne Wüstenheuschrecke zu einer schrecklichen Freßmaschine; in großer Zahl (rechts) können sie gelegentlich sogar zu einer Bedrohung für menschliche Gemeinschaften werden.

Wenn der Regen anhält, beginnen die Heuschreckengruppen sich zusammenzuschließen und in immer größer werdenden Trupps auf der Suche nach Nahrung durch die Wüste zu marschieren. Ihre Zahl ist jetzt so groß, daß das Futter knapp wird und sie immer länger auf den Beinen sind. Nach der fünften Häutung erheben sich die frischgebackenen Insekten in die Luft. En masse machen sie sich fliegend auf die Suche nach Grünem.

Die erwachsenen Insekten dieser geselligen »Wanderphase« unterscheiden sich so grundlegend von denen der »Solitärphase«, daß sie bis vor kurzem für zwei verschiedene Arten gehalten wurden. Der Phasenwechsel betrifft nicht nur Aussehen und Verhalten, sondern auch Physiologie und Ökologie. Der Zweck des Schwarmverhaltens ist, zu neuen Nahrungs-Gebieten zu wandern.

Der Schwarm ist auf Gedeih und Verderb dem Wind ausgeliefert und folgt den Wetterfronten, bis ein geeignetes Weidegebiet gefunden ist. Hier fressen die Insekten alles ratzekahl und ziehen dann weiter. Im Jahre 1957 zerstörte ein Schwarm Wüstenheuschrecken 167 000 Tonnen Getreide – genug, um eine Million Menschen ein Jahr lang zu ernähren. Sogar heute noch können schwärmende Heuschrecken Hungersnöte auslösen.

Irgendwann findet der Schwarm schließlich einen geeigneten Platz, an dem sich die Tiere paaren und Eier legen können. Das kann die Geburtsstunde eines neuen Schwarms sein. Doch wenn wieder eine Dürre anbricht, gehört die neue Generation zur »Solitärphase«.

Manchmal weht der Wind einen Schwarm aufs Meer hinaus, wo die Tiere schließlich zugrundegehen. Vor über hundert Jahren wurde in Südafrika ein riesiger Schwarm, der ein Gebiet von 5 178 Quadratkilometern bedeckte, hinaus aufs Meer getrieben. Schließlich trugen die Wellen die Leichen zurück an die Küste; dort bildeten sie einen 1,2 Meter breiten Wall, der sich 80 Kilometer weit an der Küste entlangzog.

Die Wüstenheuschrecke ist nur eine von mehreren Arten, die schwärmen können, und Gebiete im Mittleren Osten, in Indien, in Zentral- und Südostasien, in Australien und Nord- und Südamerika können davon betroffen sein. Einige Heuschreckenarten in Südamerika, von denen man bis dato gar nicht wußte, daß sie eine gesellige »Wanderphase« durchlaufen, haben genau das getan – mit einigem Schaden für die Landwirtschaft. Diese alarmierende Neuentwicklung könnte die Folge menschlicher Störung der natürlichen Lebensräume sein.

die Schmetterlingslarven bevorzugt an den Spitzen der Äste fressen, produzieren stark befallene Bäume nur Strobili, und die weibliche Ausdrucksform wird unterdrückt.

Die Statistiken vom Insektenfraß an Pflanzen sind wirklich beeindruckend und heben hervor, welch enormen Einfluß die Insekten auf ganze Ökosysteme haben. Die Raupen eines Nachtpfauenauges, *Imbrasia belina*, sind ein gutes Beispiel dafür. Die Raupen werden Mopanewürmer genannt und sind für die Menschen im südlichen Afrika ein wichtiges Nahrungsmittel (siehe Kapitel 8). Sie leben vom Mopanebaum, *Colophospermum mopane*, einem der häufigsten Baumarten des südafrikanischen Veld.

Im Jahre 1993 führte man in einem 4 000 Hektar großen Reservat eine Studie durch und schätzte, daß 19 Millionen Mopanewürmer in sechs Wochen 779 Tonnen Blätter gefressen hatten. Ihre Exkremente – ein wichtiger Dünger – wogen 665 Tonnen. Nach den Preisen von 1993 entsprach das einem Wert von 161 000 englischen Pfund.

Elefanten, Große Kudus, Impala-Antilopen, Giraffen und andere Laub- und Knospenäser fressen ebenfalls an Mopanebäumen. Besonders Elefanten gibt man die Schuld für die weitreichenden Schäden an diesem wichtigen Baum, der soviele Tiere im Veld ernährt. Einige Naturschützer vertreten den Standpunkt, daß die überschüssigen Elefanten erlegt werden müssen, um den Schaden so gering wie möglich zu halten. Aber wenn man den Einfluß der Mopaneraupen dagegensetzt, scheint das nicht fair.

Vierzehn Elefanten sind der Bestand, der von Ökologen für das 4000-Hektar-

Unten: *Schmetterlinge trinken mit ihren langen, röhrenförmigen Zungen Blütennektar. Oft schlürfen sie auch Pflanzensäfte, wie dieser Nymphalide (Edelfalter) aus Argentinien.*

Rechts: *Wenn der Rüssel nicht im Einsatz ist, rollt der Falter ihn unter dem Kopf ein, wie dieser* Colobura dirce *aus Trinidad.*

Gebiet als optimal empfohlen wird. Wenn man einmal annimmt, daß die Elefanten nichts anderes als Mopaneblätter fressen (was sie natürlich nicht tun), würden sie bei dieser Dichte nur 307 Tonnen Blätter pro Jahr verspeisen. Das ist nicht einmal die Hälfte von dem, was die Mopanewürmer in sechs Wochen fressen. Wenn Mopaneblätter nur ein Fünftel der Elefantennahrung ausmachen, dann würden die Bäume pro Jahr 61 Tonnen Blätter an Elefanten verlieren – ein Dreizehntel der Menge, die sich die Mopanewürmer in sechs Wochen holen.

Der große Unterschied zwischen Elefanten und Mopanewürmern ist der, daß Elefanten manchmal ganze Bäume töten, während Mopanewürmer das nie tun, sogar dann nicht, wenn sie einen Baum fast gänzlich entlaubt haben. Trotzdem sind es die Mopanewürmer, die die größten Blattmengen verspeisen. Aber selbst wenn sie ganze Bäume entlauben, ist noch nicht alles verloren: Wenn es bald nach der Entlaubung regnet, schlagen die Bäume wieder aus und versorgen die Laub- und Knospenäser bis zum Ende des Winters mit Nahrung. Dank der Mopanewürmer stehen nicht nur die Elefanten in einem besseren Licht da, die Raupen tragen auch ihren Teil dazu bei, das Nahrungsangebot vieler Laub- und Knospenäser im Veld zu erhalten.

Der Fall der Mopanewürmer ist ein spannendes Beispiel dafür, wie außerordentlich wichtig es für Großtierökologen ist, die Schlüsselpositionen zu verstehen, die Insekten bei der Erhaltung von Ökosystemen besetzen. Im Interesse des Großwildes, das diese Ökologen zu schützen versuchen, wäre es besser, wenn sie zu Kleintier-Ökologen würden und mehr Aufmerksamkeit für die unzähligen Aufgaben der Insekten aufbringen würden.

Auf den ersten Blick sieht es vielleicht so aus, als seien pflanzenfressende Insekten eine Hiobsbotschaft für Pflanzen, aber in natürlichen Situationen besteht meistens langfristig ein Gleichgewichtszustand, eine Balance zwischen dem, was Insekten entnehmen und dem, was sie dem Boden in Form von Nährstoffen zurückgeben. Außerdem halten insektenfressende Vögel, Parasiten und räuberische Insekten normalerweise die Zahlen pflanzenfressender Insekten soweit unter Kontrolle, daß sich der Schaden für die Pflanzen in erträglichen Grenzen hält.

Pflanzen reagieren auf Insektenschäden unter anderem, indem sie rund um die fressenden Insekten Wucherungen bilden. Diese Wucherungen heißen Gallen, und die fressenden Insekten stimulieren ihre Entstehung. Gallen können an Wurzeln, Stengeln und Blättern auftreten und sind die Reaktionen der Pflanze auf Käfer- und Mückenlarven und die Larven von Pflanzensaugern; aber

Die Fraßspuren des Ulmensplintkäfers Scolytus scolytus *ergeben diese schönen Muster. Die Käfer übertragen einen Pilz, der zum Ulmensterben führt, einer Krankheit, der viele Ulmen in England und Europa zum Opfer gefallen sind.*

die weitaus meisten Gallen werden von Larven einer bestimmten Wespenfamilie verursacht: von den Cynipidae, den Gallwespen.

Jede Galle besteht darin, daß örtlich eng begrenzt die Zellgröße und -zahl stark anwächst. Gallen sind besonders bei Eichen der Gattung *Quercus* häufig, und die typische Galle enthält Zell- und Gewebetypen, die anderswo in der Pflanze nicht zu finden sind. Jede Galle ist eine wirklich unverwechselbare Reaktion auf ein fressendes Insekt, da ihre Form und Struktur von der beteiligten Insektenart abhängt. Die Einzigartigkeit der Galle kann sogar das Resultat von DNA (Erbsubstanz) sein, die von dem gallauslösenden Insekt beigesteuert wird. Gallinsekten gehören zu den höchstspezialisierten pflanzenfressenden Insekten: Jede Art frißt und entwickelt sich nur an einem Teil – sagen wir mal Blattknospe oder Stengel – einer einzigen Pflanzenart.

Für das Insekt hat es Vorteile, sein Larvenleben in einer Galle zu verbringen: Hier hat es in geschützter Umgebung einen reichen Vorrat an speziellen Nahrungszellen. Die äußeren Schichten der Eichengallen oder Eichäpfel sind chemisch durch Gerb- oder Gallussäuren geschützt und enthalten eine so hohe Konzentration dieser chemischen Verbindungen, daß man Eichäpfel früher kommerziell als Gerbstoffquelle für die Lederindustrie nutzte; auch zur Herstellung von Tinte wurden sie verwendet.

Es wird immer noch kontrovers darüber diskutiert, ob die Pflanze irgend einen Vorteil davon hat, Energie in die Bildung von Gallen zu investieren. Einer These zufolge ist die Galle eine Methode, Schaden auf ein eng umgrenztes Gebiet zu beschränken.

Manche Pflanzen haben eine andere Beziehung zu Insekten entwickelt; es ist, als seien sie dabei nach dem Motto vorgegangen »wenn du sie nicht schlagen kannst, schlag dich auf ihre Seite«: Sie werben Ameisen an und setzen sie als Wachposten ein. Die meisten Beziehungen zwischen Ameisen und Pflanzen finden sich in den Tropen, aber ein sehr interessantes Beispiel kommt in den südöstlichen Vereinigten Staaten vor: Eine Passionsblume, *Passiflora incarnata*, und fünf Ameisenarten mit großem Appetit auf Nektar sind daran beteiligt.

Die Passionsblume produziert auf ganz normale Art Nektar in ihren Blüten, aber sie hat auch Nektardrüsen, die paarweise an jedem Blattstengel sitzen. Die Blüten sondern nur zu bestimmten Tageszeiten Nektar ab, die »außerfloralen« Nektardrüsen aber sind ständig aktiv und ziehen einen steten Strom von Ameisen an, die diese Drüsen mit Beschlag belegen.

Nektar ist der Treibstoff für die Aktivitäten der Ameisen, und einige dieser Aktivitäten bestehen darin, Käfer und Heuschrecken anzugreifen und ihnen den Zugang zu Blättern, Knospen und Blüten zu verwehren. Man hat auch schon beobachtet, wie Ameisen alte Blätter abbissen, die keinen Nektar mehr produzierten.

Jede der fünf Ameisenarten ist zu einer anderen Tageszeit aktiv, wobei sich

Rechts: *Eine Laubheuschreckennymphe der Gattung* Macrocentron *(Trinidad) im letzten Kleid frißt an einem Hibiscusblatt.*

WIE DIE BIENEN IN DIE WELT KAMEN

Vor langer Zeit gab es noch keine Bienen. Damals in der Kreidezeit, vor ungefähr 90 Millionen Jahren, wurden einige jagende Wespen in das Geschlechtsleben der Pflanzen hineingezogen: Bühne frei für die Evolution der Bienen. Die Kreidezeit begann vor 135 Millionen Jahren und endete vor rund 65 Millionen Jahren. Sie begann, als sich das Ende der Dinosaurier abzeichnete und schloß mit ihrer endgültigen Ausrottung; das evolutionäre Abenteuer, aus dem die Säugetiere entstanden, war voll im Gange. In der Kreidezeit geschah es auch, daß die sexuellen Bedürfnisse einiger Pflanzengruppen den fliegenden Insekten neue Nahrungsquellen erschlossen.

Damals, als es noch keine Bienen gab, verließen sich die Landpflanzen auf den Wind, um Pollen von den männlichen Geschlechtsorganen einer Pflanze zu den weiblichen einer anderen zu tragen. Wenn sich dieses Lotteriespiel von Sex-durch-Wind lohnen sollte, mußten Pflanzen riesige Mengen Pollen produzieren, damit garantiert wenigstens ein paar davon am richtigen Platz landeten und die Befruchtung vollzogen. Tatsächlich spielen viele primitive Pflanzen immer noch unbeirrt bei dieser Lotterie mit: Wenn die männlichen Zapfen der Kiefern reif sind, setzt der leiseste Windhauch »Rauchschwaden« von Milliarden Pollenkörnern frei.

Aber wenig später müssen die Insekten mit von der Partie gewesen sein: Pollen haben einen hohen Nährwert, und Insekten sind Opportunisten. Wahrscheinlich fingen viele Insektenarten an, Pollen als Nahrung zu nutzen. Dabei müssen sie zufällig Pollen, der an ihren Körpern hängengeblieben war, von einer Pflanze zur anderen transportiert und dabei unabsichtlich dem Wind ins Handwerk gepfuscht haben. Und als das oft genug geschah, hatten wohl Pflanzen mit pollenproduzierenden Geschlechtsteilen, die für Insekten attraktiver waren als andere, einen Vorteil bei der Vermehrung.

Die Selektion muß dafür gesorgt haben, daß die Pflanzen ihre Attraktivität für Insekten weiter steigerten. Eine Methode war, die angebotenen Menüs zu variieren: Die Pflanzen stellten Nektar zur Verfügung, eine Mischung verschiedener Zucker. Auf diese Weise boten sie jetzt einen energiereichen Treibstoff als Ausgleich für die Energie,

Links: *Eine Hummelkönigin,* Bombus hortorum *(England), sondiert mit ihrer langen Zunge die tiefen Röhrenblüten einer Primel,* Primula vulgaris.

Oben: *Ein Weibchen der solitären Bienen* Tetralonia malvae *(Frankreich) sammelt die große Pollenkörner einer Malvenblüte. Die Biene drückt den Pollen an ihren Hinterbeinen in eine spezielle Bürste aus Haaren, die sogenannte* Scopa.

welche die Insekten verbrauchten, wenn sie auf der Suche nach eiweißreichem Pollen von Pflanze zu Pflanze flatterten. Bisher haben wir das Wort »Blume« vermieden – denn die Blume, wie wir sie kennen, existierte erst, als die Pflanzen ihrem Repertoire an Tricks, mit denen sie Insekten als Stellvertreter in Sachen Sex anwarben, zwei weitere hinzugefügt hatten: In einem Meer von grünen Blättern mußten Pflanzen deutlich darauf hinweisen, wo ihre Geschlechtsteile zu finden waren. Sie begannen auf zwei Kommunikationskanälen zu funken: Sicht und Geruch. Blätter, die in der Nähe der Geschlechtsorgane lagen oder sie schützten, entwickelten leuchtende, auffällige Farben und Formen und wurden zu Blütenblättern. Spezielle Zellgruppen an den Blütenblättern oder Geschlechtsdrüsen produzierten attraktive Düfte. Mit der Kombination aus Blütenblättern und Düften waren die echten Blumen geboren: Mittels Gerüchen können Pflanzen ihre Anwesenheit über große Entfernungen anzeigen, während Blütenblätter im Nahbereich Insekten anwerben.

Besonders Mitglieder einer Familie einzeln lebender Grabwespen, die *Sphecidae,* begannen nun, als Futter für ihre Larven Pollen zu sammeln und zu horten, statt Insekten zu erbeuten. Sie entwickelten verzweigte Körperhaare, an denen die Pollenkörner besser hängenblieben, und sie legten sich besondere Gebilde zu, mit deren Hilfe sie Pollen sammeln und zurück zum Nest transportieren konnten. Auch ihre Zungen wurden länger, so daß sie nun Blumen sondieren konnten, deren Nektardrüsen am Ende langer Blütenröhren lagen. So kamen die Bienen in die Welt. Heute gibt es wahrscheinlich 30-40 000 Bienenarten. Die meisten sind solitär, das heißt, jedes Nest ist das Werk eines einzigen, allein arbeitenden Weibchens, ohne jede Mitarbeit einer Arbeiterinnenkaste.

Die Entwicklungsgeschichte der Bienen ist die Geschichte einer höchst spezialisierten Futterquelle mit gewichtigen Folgen für uns: Ungefähr 30 Prozent unserer Nahrung hängt vom Befruchtungsdienst der Bienen ab. Und es ist eine der angenehmsten Fügungen der Evolution, daß die Düfte, die für Bienen attraktiv sind, auch uns ansprechen, die Neuankömmlinge auf der evolutionären Szene.

Oben: *Eine weibliche Blattschneiderbiene,* Megachile willughbiella *(England).* Blattschneiderbienen kleiden ihre Nestzellen mit Blattstückchen aus.

Rechts: *Viele Pflanzen sorgen mit besonderen Mechanismen dafür, daß der Pollen auf einer bestimmten Stelle des Bienenkörpers landet. Diese Holzbiene* Xylocopa nigra *(Kenia) ist genau auf dem Rücken eingestäubt.*

Eine erwachsene Zikade der Gattung Brevisiana *setzt ihre saugenden Mundwerkzeuge ein, um Baumsaft zu trinken. Der röhrenförmige Saugapparat ist hart genug, um die Rinde zu durchbohren.*

die Aktivitätszeiten von jeweils zwei Arten ein wenig überlappen. Die Pflanze hat also den ganzen Tag über patrouillierende Wachposten.

Mit einem eleganten kleinen Experiment läßt sich demonstrieren, welche Bedeutung die Ameisen für die Passionsblume haben: Wenn die extrafloralen Nektardrüsen entfernt werden, sinkt die Zahl der Ameisenbesucher rapide ab, und gleichzeitig nimmt die Schadensquote durch blattfressende Insekten zu. Pflanzen, die sich der Dienste der Ameisenwächter erfreuen, produzieren mehr Früchte als unbewachte.

Für die Passionsblume ist es billiger, einfache Zucker in Form von Nektar zu liefern, als komplexe sekundäre Pflanzenstoffe herzustellen. Noch aus einem anderen Grund ist die erste Variante rentabler: Die Pflanze muß nur soviel Nektar produzieren, daß gerade genug Ameisen angelockt werden, um die Pflanze wirksam bewachen zu können. Eine symbiotische Beziehung mit den Ameisen zahlt sich noch in anderer Hinsicht aus: Pflanzenfressende Insekten haben immer wieder demonstriert, daß sie gegen sekundäre Pflanzenstoffe immun werden können, aber wahrscheinlich ist es viel schwieriger für sie, Verteidigungsmethoden gegen mobile Sicherheitskräfte in Gestalt stechender Ameisen zu entwickeln.

Alte Passionsblumen haben oft hohle Stengel, und die können von einer Ameisenkolonie besetzt werden. Die Pflanze hat also ihr eigenes »stehendes Heer«, und das erinnert ein wenig an eine höher entwickelte Symbiose zwischen Ameise und Pflanze in Zentral- und Südamerika. Hier bieten *Acacia*-Arten den Ameisen Nistplätze in Form hohler Dornen.

Wie bei der Passionsblume halten auch diese Ameisen von der Gattung *Phseudomyrmex* den Baum von blattfressenden Insekten frei. Sie entfernen auch Pilzsporen, Pollenkörner, Spinnenweben, Staub und alles, was auf den Blättern landet. Sogar Schlingpflanzen, die *Acacia* als Stütze benutzen, werden von den Ameisen getötet: Sie beißen eine Furche rund um den Stengel der Schlingpflanze und unterbrechen damit den Saftfluß. Die Ameisen schützen auch vor äsenden Hirschen und Rindern. Sogar diese großen Pflanzenfresser werden gestochen, wenn sie irgend einen Teil des Baumes berühren.

Als Gegenleistung für diese Dienste bietet *Acacia* nicht nur einen Nistplatz, sondern auch zweierlei Nahrung: Nektar aus extrafloralen Nektardrüsen und Eiweiße und Öle aus bestimmten Gebilden, den sogenannten Beltschen

Körperchen. Diese wachsen an den Blattspitzen, und die Ameisen ernten sie und tragen sie in ihre Nester.

Die Bedeutung der *Pseudomyrmex*-Ameisen für die *Acacia*-Bäume läßt sich experimentell beweisen: Werden die Ameisenkolonien entfernt, verkümmern die Bäume und sterben meistens nach drei bis zwölf Monaten. Aber natürlich gibt es eine Ameisenart, die sich nicht an die Abmachungen hält. *Pseudomyrmex nigropilosa* befällt *Acacia*-Bäume, die ihre üblichen Ameisenverbündeten verloren haben. Sie fressen reichlich vom Nektar und den Beltschen Körperchen, die der Baum anbietet, aber sie machen keinen Versuch, ihn zu schützen. Wenn der Baum angegriffen wird, rennen diese parasistischen Ameisen sogar weg und verstecken sich.

In Amazonas-Gebiet Brasiliens hat eine Ameisenart, *Pseudomyrmex concolor,* eine ganz andere Beziehung zu ihrem Baum-Schützling. Die Ameisen nisten in den hohlen Blättern des Regenwaldbaumes *Tachigali myrmecophila.* Aber der Baum bietet den Ameisen keine Nahrung auf direktem Weg, und die Ameisen verspeisen auch nicht die pflanzenfressenden Insekten, die ihn attackieren. Doch der Baum gewährt saftsaugenden Schildläusen Unterschlupf, und die Ameisen fressen den Honigtau, den die Läuse absondern. Alle anderen angreifenden Insekten werfen die Ameisen einfach vom Baum.

Anscheinend ist der Baum bereit, in die Unterstützung der Schildläuse zu investieren, um für die Ameisen attraktiv zu bleiben. Der Preis ist sicher angemessen: Bäume, denen man versuchsweise für 18 Monate die Ameisen wegnahm, büßten mindestens doppelt soviele Blätter ein wie Bäume mit Ameisen. Außerdem lebten ihre Blätter nur halb so lang.

Für den Baum ist das von entscheidender Bedeutung: Er hat eine niedrige Wachstumsrate und verbringt den größten Teil seines Lebens als Schößling im schattigen Unterwuchs des Regenwaldes; zudem blüht und fruchtet er nur einmal. Für so einen Baum, der ständig im Schatten steht, kann die Größe der Blattfläche, die er für die Photosynthese einsetzen kann, den Ausschlag darüber geben, ob er lang genug überlebt, um zu blühen und Samen anzusetzen, oder ob er stirbt, noch bevor er auch nur eine einzige Chance hatte sich zu vermehren. Die Verteidigungskräfte der Ameisen sorgen dafür, daß der Baum ein hohes Alter erreicht.

Ameisen spielen beim Pflanzenschutz in den Wäldern der gemäßigten Klimazone des Nordens eine wichtige Rolle. Waldameisen der Gattung *Formica* üben hier ungeheuren Druck auf blattfressende Insekten aus. Eine durchschnittliche Kolonie der Ameise *Formica polyctena* beseitigt in einem Jahr sechs Millionen Beutetiere. Als man eine Kolonie der Roten Waldameise *Formica rufa* überwachte, stellte man fest, daß sie an einem Tag 21 700 Raupen und Pflanzenwespen-Larven eintrugen. Seit Jahrhunderten nutzen Förster in Mitteleuropa diese Ameisen im Kampf gegen blattfressende Insekten.

FLEISCHFRESSER

Wenn es so aussieht, als seien Insekten ganz damit beschäftigt, die Pflanzendecke der Erde aufzufressen, dann sind sie mindestens ebenso geschäftig dabei, sich gegenseitig zu verspeisen: Die schlimmsten Feinde der Insekten sind andere Insekten.

Fleischfressene Insekten fallen in zwei Hauptkategorien: in aktive Räuber und Lauerjäger.

Aktive Räuber

Nachtaktive Schwarzkäfer und Sandlaufkäfer gehören zu den aktiven Räubern. Schwarzkäfer laufen nachts im Fallaub, auf Waldböden und Wiesen umher und erbeuten ruhende Insekten und Insektenlarven. Sandlaufkäfer dagegen mit ihrem Rundumblick jagen am hellichten Tage auf offenem, unbewachsenem Boden oder in Sanddünen nach Insekten.

Viele Laubheuschrecken sind Fleischfresser, zum Beispiel die Europäische Eichenschrecke, *Meconema thalassinum*. Die Tiere kriechen im Blattwerk umher und stürzen sich mit einem Satz auf kleine Insekten, denen sie begegnen. Zwar sind Ohrwürmer bei Gärtnern als Pflanzenschädlinge bekannt, aber auch der Gemeine Ohrwurm *Forficula auricularia* fängt kleine Insekten. Zwei orientalische Ohrwurmarten sind noch um einiges spezialisierter: Beide, *Xeniaria jacobseni* und *Arixenia esau*, hausen in Höhlen, in denen Fledermäuse ihre Ruheplätze haben; dort leben sie von abgestorbenen Hautteilchen und Exkrementen der Fledermäuse.

Unter den aktiven Räubern sind die Libellen am beeindruckendsten. Sie fliegen regelrecht Patrouille und entfernen sich dabei oft beträchtlich von den Teichen und Flüssen, in denen sie sich fortpflanzen. Sie erbeuten Insekten im Fluge und zerstückeln die Beute mit ihren kräftigen Kiefern, während sie sie mit ihren langen, dornigen Beinen festhalten. Libellen folgen oft Gruppen weidender Säugetiere und fressen die Insekten, die von den ziehenden Tieren aufgestört werden.

Die Ausflüge der zartgliedrigen Libellen-Verwandten, der Köcherfliegen, führen selten weit vom Wasser weg; sie patrouillieren gerne an den dichtbewachsenen Rändern von Teichen und Flüssen und ernähren sich hauptsächlich von Fliegen.

Die riesige tropische Art *Megaloprepus coerulatus* ist da allerdings eine Ausnahme; sie verschafft sich ihre Nahrung auf eine ungewöhnliche und hochspezialisierte Art. Diese Köcherfliege bleibt wie ein Hubschrauber vor den großen Radnetzen der *Nephila*-Spinnen in der Luft »stehen«. Aus dem Netz pflückt sie viel kleinere Spinnen, die heimlich von den Insekten fressen, die sich dort gefangen haben. Meist sind es die Köcherfliegenmännchen, die dieses

Rechts: Eine Frühe Adonislibelle, Pyrrhosoma nymphula *(England), ist in ein Netz der Spinne* Argiope *geflogen und vorübergehend hängengeblieben. Jetzt hat sie die Spinne als Beute gepackt und befreit sich wieder aus dem Netz.*

DIE FLIEGENDEN STILETTE

Viele Insekten mit stechenden und saugenden Mundwerkzeugen haben sich auf eine räuberische Ernährung eingestellt und leben von den Körperflüssigkeiten anderer Insekten: Raubwanzen, Schildwanzen und Raubfliegen schlagen sich allesamt auf diese Weise durchs Leben. Meistens bohren sie sich durch die weichen, elastischen Membranen zwischen den kutikulären Platten in den Körper ihres Opfers und injizieren Speichel. Der lähmt das Opfer und löst seine Körpergewebe auf. Die entstandene nahrhafte Flüssigkeit saugt der Räuber dann auf.

Einige saugende Räuber haben die Sache noch einen Schritt weiter getrieben und sich auf das Blut von Wirbeltieren spezialisiert: das Blut von Amphibien,

Oben: *Schildwanzennymphen saugen die Raupe eines Nachtfalters leer (Tennessee, USA).*

Rechts: *Diese Raubwanze, Rhodnius prolixus (Südamerika), trägt den Erreger der Chagas-Krankheit in sich. Die Krankheit wird durch infizierten Kot der Wanze übertragen.*

Reptilien, Vögeln und Säugetieren. Der Speichel dieser Insekten – Raubwanzen, Mücken, Tsetse-Fliegen – enthält gerinnungshemmende Substanzen, die dafür sorgen, daß das Blut des Opfers während der Mahlzeit nicht klumpt.
Mit der Entwicklung des Blutsaugens begann die Evolution spezialisierter Krankheitserreger, die ihre Entwicklung teils im Körper eines blutsaugenden Insektes und teils im Körper des Insekten-Wirtes absolvieren. So entstand Malaria, übertragen von *Anopheles*-Mücken, Gelbfieber, übertragen durch *Aëdes*-Mücken, und die Schlafkrankheit, übertragen von Tsetse-Fliegen der Gattung *Glossina*. Darüber hinaus werden mindestens 80 verschiedene Viruskrankheiten von Fliegen übertragen, die Menschen stechen.

Links: *Mit scharfen Augen und fliegerischem Können hat es diese Raubfliege der Gattung* Promachus *(Kenia) geschafft, eine Bienenarbeiterin,* Apis mellifera *im Flug zu fangen. Kleine Fliegen der Familie Milichidae lecken die Körperflüssigkeiten auf, die aus der Wunde sickern.*

Rechts: *Eine vom Blut schon aufgeblähte Tsetse-Fliege,* Glossina morsitans *(Kenia) saugt Menschenblut. Glossina-Arten übertragen den Erreger der Schlafkrankheit. Einer von sechs Menschen ist mit einer insektenübertragenen Krankheit infiziert.*

Oben: *Noch eine unglückliche Honigbiene ist zum Opfer geworden – diesmal das Opfer einer Raubwanze der Gattung* Apiomeris *(Mexiko). Und wieder lecken Milichidae-Fliegen Flüssigkeiten auf, die aus der Wunde sickern; sie sind zu klein, um selbst Beute zu machen.*

PERFEKTE KONSUMENTEN · 113

Verhalten zeigen; wenn sie ihre Beute gepackt haben, fliegen sie auf irgend einen Zweig oder Halm in der Nähe und fressen sie dort.

LAUERJÄGER

Lauerjäger reagieren blitzschnell auf jedes Beuteinsekt, das in ihr Blickfeld kommt. Beispiele dafür sind die wasserlebenden Larven der Libellen, die erwachsenen Kleinlibellen, Wasserläufer, Raubfliegen und Gottesanbeterinnen.

Die wasserlebenden Libellenlarven sitzen gut getarnt und reglos auf dem Grund von Teichen und Flüssen. Sie haben ein bemerkenswertes Gebilde, die Fangmaske; diese Struktur heißt so, weil sie beim ruhenden Insekt die übrigen Mundwerkzeuge bedeckt. Die Fangmaske dient dazu, Beute zu packen und sie in Reichweite der Kiefer zu bringen. Sie ist aufklappbar (siehe Zeichnung links) und mit einem Paar beweglicher Haken bewaffnet.

Lange Zeit verharrt die Larve reglos – bis sie mit ihren dreidimensional sehenden Augen Beute entdeckt. Dann pirscht sie sich langsam an das Opfer heran, bis es in Reichweite der Fangmaske ist. Die schnellt vor, spießt die Beute auf die Haken und klappt wieder in die Ausgangsstellung zurück, und all das in 25 Tausendstel einer Sekunde. Dieses rasche Ausklappen wird von kräftigen Kontraktionen der Abdominalmuskeln eingeleitet, die einen Blutstrom in die Fangmaske schicken; die direkte Muskelkontrolle zieht die Fangmaske dann in

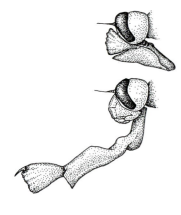

Unten: So fressen Libellenlarven: Seitenansicht des Libellenkopfes in Ruhelage, oben mit eingezogener Fangmaske.

Um Beute zu packen, schnellt die Fang-maske vor, spießt das Opfer auf die beiden Haken und bringt sie in Reichweite der Kiefer.

Rechts: Die Larve einer Großlibelle der Gattung Aeschna (England) hat blitzschnell ihre Fangmaske eingesetzt, um einen Stichling zu fangen und ihn in Reichweite ihrer kräftigen Kiefer zu bringen.

die Ausgangsstellung zurück und bringt die Beute damit in die Reichweite der Kiefer.

Libellenlarven finden an vielem Geschmack: Würmer und Krebstiere, Kaulquappen und Fische – all das ist Freiwild für diese opportunistischen Jäger.

Anders als die meisten Großlibellen lassen sich Kleinlibellen auf irgend einem vorspringenden Ansitzplatz nieder, zum Beispiel auf einer Astspitze, und starten, wenn geeignete Beute vorbeifliegt und ihre Aufmerksamkeit erregt. Wie die Großlibellen fangen auch sie Insekten im Fluge.

Eine Raub- oder Jagdfliege pflegt in ähnlicher Weise Ansitz zu beziehen, oft auf großen Dornen oder auf den Stacheln von Stacheldrahtzäunen. Auch sie stürzt sich auf jede geeignete Beute, packt sie mit ihren dornigen Beinen und trägt sie zu ihrem Ansitzplatz zurück. Hier schlägt die Raubfliege ihren Stechrüssel in eine Ritze im Panzer des Insekts, injiziert Verdauungsenzyme und schlürft dann die verflüssigte Mahlzeit. Raubfliegen fangen oft Beutetiere, die eigentlich durch einen Stachel gut geschützt sind, aber den blitzschnellen Reaktionen der Fliegen sind Wespen und Bienen nicht gewachsen.

Wasserläufer der Gattung *Gerris* habe eine interessante Art, Beute aufzuspüren. Von dichten Haarpolstern am mittleren und hinteren Beinpaar gestützt, lassen sie sich auf Teichen von der Oberflächenspannung des Wassers tragen. Mit ihren Vorderbeinen handhaben sie die Beute. Wenn ein Insekt aufs Wasser fällt, schlägt es wild um sich und löst dabei kleine Wellen aus, die von

Die Vibrationen, die eine zappelnde Fliege auf der Wasseroberfläche auslöst, haben einen Wasserläufer der Gattung Gerris *(USA) angelockt; mit seinen saugenden Mundwerkzeugen macht er aus den Körperflüssigkeiten der Fliege eine Mahlzeit.*

Unten: Die Fangbeine dieser Raubwanze Amulius longiceps *(Malaysia) haben sich ganz unabhängig von den Beinen der Gottesanbeterinnen entwickelt und dienen demselben Zweck: Beute packen und festhalten.*

Rechts: Eine weibliche Gottesanbeterin der Gattung Acontista *(Trinidad) frißt eine Fliege. Beißende und kauende Mundwerkzeuge, blitzschnelle Reflexe und dornenbewehrte, zupackende Vorderbeine machen sie zu leistungsfähigen Tötungsmaschinen.*

speziellen Detektoren an den Beinen des Wasserläufers wahrgenommen werden. Sensoren registrieren, wie stark zeitlich versetzt die Wellen an den verschiedenen Beinen auftreffen; diese Zeitdifferenz wird verarbeitet, in Richtungsdaten umgesetzt, und der Wasserläufer kann sich zur Beute hin ausrichten.

Manchmal wenden sich mehrere Wasserläufer einem Insekt zu, das viel größer ist als sie selbst, zum Beispiel einem Kleinlibellenweibchen, das Eier auf Wasserpflanzen ablegt. Gemeinsam überwältigen sie das sich heftig wehrende Insekt, bohren ihre stechenden und saugenden Mundwerkzeuge in seinen Körper und injizieren Verdauungsenzyme; dann verspeisen sie die teilweise verflüssigten Gewebe. Manchmal attackieren und fressen Wasserläufer kleine Fische, die an die Oberfläche kommen.

Die Meister der Lauerjagd sind die 1 800 Arten Gottesanbeterinnen oder Mantiden. Mit ihrem dreidimensionalen Sehvermögen, das so scharf ist, wie es in der Insektenwelt nur sein kann, sind die Mantiden beeindruckende Killer und Freßmaschinen. Ihre Vorderbeine sind zu Raubbeinen geworden, das heißt, ihre Beine mit den großen, scharfen, rückwärts gerichteten Dornen sind darauf eingerichtet, Beute zu packen und festzuhalten.

Gottesanbeterinnen verdanken ihren Namen ihrer Angewohnheit, beim Lauern die Fangarme hochzuhalten, als seien sie ins Gebet vertieft. Mantiden können lange Zeit absolut reglos verharren, und weil die Komplexaugen der Insekten hochsensibel auf Bewegung reagieren, ist eine reglose Gottesanbeterin für vorüberkommende Insekten im Grunde unsichtbar.

Gottesanbeterinnen haben sehr bewegliche Köpfe; wenn eine von ihnen ein Insekt ausgemacht hat, rührt sie sich nicht, aber sie dreht ihren Kopf, so daß sie direkt auf die Beute blickt. Dann läßt sie in 30 bis 50 Tausendstel einer Sekunde ihre Arme vorschnellen, packt die Beute und bringt sie in Reichweite ihrer Kiefer. Die meisten Beutetiere sind Insekten, aber Mantiden fressen oft auch Frösche und kleine Eidechsen.

Fangarme, ähnlich denen der Gottesanbeterinnen, haben sich eigenständig bei den Fanghaften, einer Familie der Netzflügler, und bei einigen Raubwanzen entwickelt – alles gefräßige Raubfeinde anderer Insekten.

ALLESFRESSER UND AASFRESSER

Zwar sind die meisten pflanzenfressenden Insekten zu einem gewissen Grad auf eine Wirtspflanze spezialisiert, aber einige ernähren sich von einem weiten Spektrum an Pflanzenarten. Ein bemerkenswertes Beispiel dafür ist ein Pflanzensauger aus China, *Ceroplastes sinensis*, der schon an 200 Pflanzenarten aus mindestens 50 Familien gesehen worden ist.

Schaben sind wirklich Allesfresser: Sie fressen fast alles Organische. Das ist einer der Gründe, warum sie sich so erfolgreich in unseren Häusern eingenistet

Oben: *Feuerameisen der Gattung* Solenopsis *(Florida) nagen an den Überresten einer toten Kornnatter.*

Unten: *Diese Schabe* Elliptorhina javanica *(Madagaskar), ein aasfressender Bewohner des tropischen Trockenwaldes, schreckt Raubfeinde mit einem plötzlichen lauten Zischen ab; das Geräusch entsteht, wenn aus dem zweiten Paar Abdominal-Stigmen (Atemporen) gewaltsam die Luft ausgestoßen wird. Gedämpfteres Zischen ist während der Paarung zu hören.*

haben: Sogar in den saubersten Haushalten fallen winzige Essensreste hinter Küchenschränke, in Winkel und Ritzen. Mehrere Schabenarten, zum Beispiel die Amerikanische Schabe *Periplaneta americana*, sind dem Menschen auf seinen Wanderzügen rund um den Globus gefolgt. Schaben werden zu Recht die Ratten und Mäuse der Insektenwelt genannt.

Oft verhalten sich Schaben wie echte Aasfresser und verspeisen tote Insekten, Artgenossen inclusive. Bei ihren Freßgewohnheiten verwischt sich der Unterschied zwischen Allesfresser und Aasfresser, aber einige Insekten leben wirklich als spezialisierte Aasfresser.

Aasfliegen wie *Tetanocera hyalipennis* ernähren sich von den Insekten-Resten, die Spinnen aus ihren Netzen werfen, und Skorpionsfliegen leben von toten und verletzten Insekten. Die Gemeine Skorpionsfliege *Panorpa communis* holt sich oft die Insekten-Reste aus Spinnennetzen, und meistens schafft sie das, ohne fatalerweise die Spinne herbeizulocken. Doch wenn sich eine *Panorpa* doch einmal ungeschickterweise in einem Spinnennetz verfängt, fällt sie meist der angelockten Spinne zum Opfer.

Am häufigsten ergattert *Panorpa communis* die halbflüssigen Überbleibsel von Fliegen, die von einem insektenfressenden Pilz getötet worden sind. Der Pilz greift *Panorpa* nicht an, er ist nur für seinen ganz speziellen Wirt gefährlich.

Viele Insekten spezialisieren sich darauf, die Kadaver von Wirbeltieren zu beseitigen. Fliegen, Käfer und Motten besuchen einen Kadaver in festgeschriebener Abfolge, und die Reihenfolge ihres Besuchs paßt genau zum Stadium der Zersetzung.

Unter relativ trockenen Bedingungen ist die Mumifizierung von Haut und Sehnen eines der letzten Verwesungsstadien. Die abschließende Verarbeitung dieser offensichtlich wenig vielversprechenden Nahrung ist die Arbeit von Kleidermotten- und Speckkäferlarven. Beide, Motten und Käfer verzehren auch Hautteilchen und abgeworfene Federn und Haare in den Nestern und Höhlen von Vögeln und Säugetieren. Für die Motten war es nur ein kleiner Schritt in unsere Häuser, wo wir sie mit einem Schlaraffenland in Gestalt wollener Kleidung versorgen: In den Augen der Motten ist ein Kleiderschrank eine Vier-Sterne-Höhle. Und Speckkäfer, besonders die Arten der Gattung *Anthrenus*, sind in naturhistorischen Museen eingedrungen, wo ihre Larven wertvollste Vogelbälge und kostbare Exemplare aus Insektensammlungen verspeisen, wenn wir nicht aufpassen.

Ungefähr 100 Larven einer parasitischen Wespe der Gattung Cotesia *verbrachten ihr bisheriges Leben damit, sich durch die Raupen des Tabakschwärmers* Manduca sexta *(Nordamerika) zu fressen. Die Larven schlüpften aus Eiern, die ihre Mutter in die Raupe injizierte. Nach außen durchgebrochen, haben sie Seidenkokons gesponnen, in denen sie sich verpuppen werden.*

Manche Aasfresser sind extrem spezialisiert. Verwandte der Wasserläufer zum Beispiel leben auf der Meeresoberfläche, Hunderte von Kilometern vom Land entfernt. Diese Ozeanläufer der Gattung *Hylobates* finden sich in warmen Meeren und kommen dort vor, wo Meeresströmungen massenhaft Treibgut organischen Ursprungs an der Oberfläche konzentrieren. *Hylobates* frißt hier tote Insekten, die aufs Meer hinausgespült worden sind und gelegentlich auch einmal tote Seevögel.

Die vielleicht ausgefallensten Aasfresser sind die winzigen Fliegen der Gattung *Desmometopa*. Sie kommen zusammen, wo immer es Spinnen, Raubwanzen und Raubfliegen gibt. Wenn diese Räuber an ihrer Beute fressen, lecken die kleinen Fliegen die Körperflüssigkeiten auf, die aus den Wunden sickern. Die Fliegen selbst sind viel zu klein, um für die viel größeren Räuber interessant zu sein.

SATTWERDEN MIT TRICKS

Einige räuberische Insekten haben sehr raffinierte Tricks entwickelt, um Beuteinsekten in die Falle zu locken. Ein trickreicher Kerl ist der Käfer *Leistotrophus versicolor*, ein Kurzflügler aus den Wäldern Mittelamerikas. Er erinnert an ein Stück Kot und ist ein spezialisierter Fliegenjäger; der Käfer lauert auf Dung oder Aas und stürzt sich auf Fliegen, die von dieser Art Nahrung angelockt werden. Wenn weder Dung noch Aas zu finden sind, läßt er sich auf einem Blatt oder Stein nieder und setzt ein Sekret ab, das wie Kot riecht. Dann postiert er sich mit dem Kopf über dem Tröpfchen und wartet auf kleine Fliegen, die sich von diesem Köder anlocken lassen.

Eine andere Art ausgefallener Täuschung wird von der südamerikanischen Raubwanze *Salyavata variegata* betrieben. Wie viele ihrer Verwandten klebt sie sich abgestorbenes Material auf den ganzen Körper, bis sie nicht mehr nach

Rechts: *Nicht einmal die Eier von Insekten entgehen der Aufmerksamkeit der Parasitoide. Hier reiten mehrere Schlupfwespen Weibchen aus der Familie der* Scelionidae *auf dem Rücken eines Schildkäferweibchens (Argentinien) und warten darauf, daß es seine Eier legt, in die sie ihre eigenen Eier legen werden.*

Insekt aussieht. Sie lebt auf den Nestern der Termiten der Gattung *Nasutitermes*, und die Tarnschicht auf ihrem Körper läßt sie wie ein Stück Nestmaterial aussehen.

Die Wanze frißt Termiten, sie spritzt ihnen erst mit dem Rüssel Verdauungssäfte ein und saugt sie schließlich völlig leer. Wenn sie die Termite ausgesaugt hat, läßt sie das Opfer aufgespießt auf dem Rüssel und stößt es dann in einen der Nesteingänge. Andere Termitenarbeiter kommen um nachzusehen, sie riechen aber nur einen ihrer Artgenossen und lassen sich durch die Anwesenheit der Wanze nicht beunruhigen, bis wieder einer von ihnen dran glauben muß und als nächster Köder herzuhalten hat.

Mit Hilfe unheimlich glimmender Lichter fangen die Larven der Australischen und Neuseeländischen Pilzmücken, Gattung *Arachnocampa*, kleine Fliegen. Jede Larve sondert einen mit Tröpfchen benetzten Klebfaden ab, der von der Höhlendecke herunterhängt, in der die Larven hausen. Die Tröpfchen leuchten und locken kleine Fliegen an, die an dem Faden klebenbleiben. Die Mückenlarven klettern hinunter und fressen sie.

Rechts: *Die Larven von Pilzmücken,* Arachnocampa flava *(Australien), haben eine exzentrische Methode, Fluginsekten zu erbeuten. Diese leuchtenden Maden sondern lange Fäden ab, auf denen in einer Reihe klebrige Perlen aus einer leuchtenden Flüssigkeit sitzen. Die Fäden hängen von Pflanzen oder vom Dach einer Höhle herab und locken nachtaktive Insekten an, die an den Fäden hängenbleiben und den Mückenlarven zum Opfer fallen.*

Ein Schlupfwespenweibchen der Gattung Grotea *(Costa Rica) setzt seinen Legebohrer ein, um Eier in das harte Schlammnest einer sozialen Wespe der Gattung* Montezuma *zu injizieren. Ihre Larven werden sich von den Larven des Wirts ernähren.*

LEBEN OHNE NAHRUNG

Zwar ist mittlerweile klar geworden, daß Insekten Experten darin sind, Nahrung zu finden und zu verwerten, aber es gibt auch Zeiten im Leben vieler Arten, da ihnen nichts anderes übrigbleibt als zu fasten.

In den gemäßigten Klimazonen des Nordens verbringen die Königinnen der sozialen Wespen und Hummeln den ganzen Winter in einem Ruhezustand. Sie sind darauf angewiesen, sich mit gespeicherten Fettvorräten am Leben zu erhalten. So bestehen über 50 Prozent ihres einjährigen Lebens aus Winterruhe.

Flöhe sind besonders gut im Fasten. Arten, die an Zugvögeln parasitieren, müssen einem futterlosen Winter im Nest ihres Wirts trotzen können, bis die Vögel im folgenden Frühjahr zurückkehren. Der Menschenfloh *Pulex irritans* kann 125 Tage ohne Nahrung durchhalten, eine Anpassung an die halbnomadische Lebensweise unserer höhlenbewohnenden Ahnen.

Insekten haben eine verwirrende Menge raffinierter und eleganter Methoden entwickelt, Nahrung zu finden und verwerten – Methoden, mit Überfluß ebenso wie mit Hungersnot zurechtzukommen, und das hat sie zu den dominanten Lebensformen dieses Planeten gemacht.

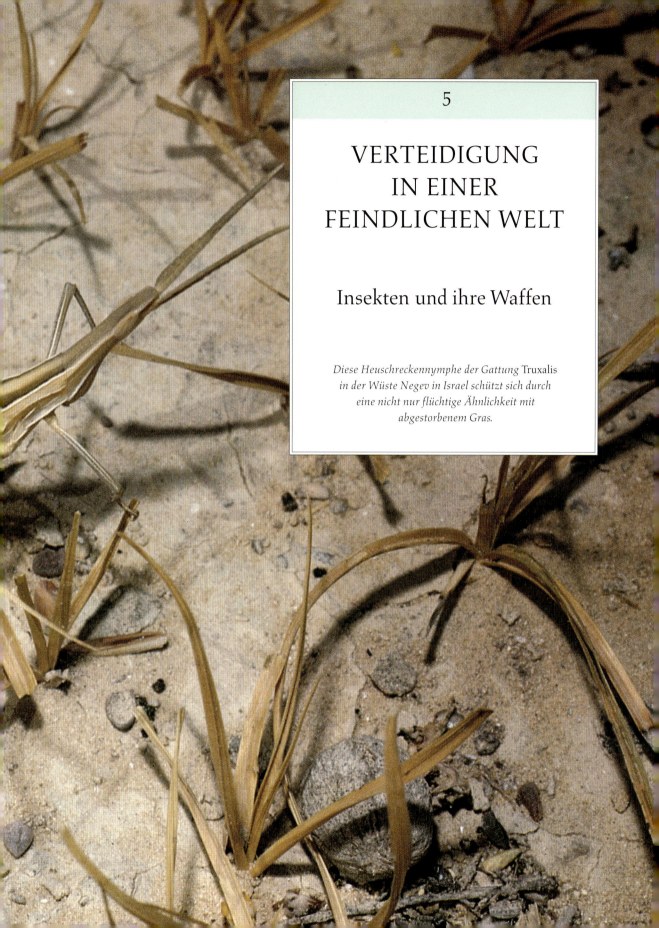

5
VERTEIDIGUNG IN EINER FEINDLICHEN WELT

Insekten und ihre Waffen

Diese Heuschreckennymphe der Gattung Truxalis *in der Wüste Negev in Israel schützt sich durch eine nicht nur flüchtige Ähnlichkeit mit abgestorbenem Gras.*

124 · VERTEIDIGUNG IN EINER FEINDLICHEN WELT

Da Insekten derart führende Mitglieder fast aller Landlebensräume sind, ist es kein Wunder, daß sie eine wichtige Nahrungsquelle für andere Tiere darstellen. Wir haben im letzten Kapitel gesehen, daß die schlimmsten Feinde der Insekten andere Insekten sind – von den Artenzahlen her gesehen. Betrachtet man die Angelegenheit aber von der Menge gefressener Insekten her, können es Frösche, Kröten, Eidechsen und Vögel mit den räuberischen Sechsbeinern aufnehmen. Insekten haben es auf eine schier endlose Zahl von Verteidigungstricks gegen diese Feinde gebracht.

MECHANISCHE VERTEIDIGUNG

Diese Laubheuschrecke, aus dem Wolkenwald in Costa Rica, sieht flechtenbewachsener Rinde verblüffend ähnlich. Der Räuber, der den Trick durchschaut, muß auf eine zweite Verteidigungslinie gefaßt sein: auf einen stacheligen Happen mit bitterem Geschmack.

Viele Insekten, besonders die großen, tropischen Laubheuschrecken und Käfer, verteidigen sich gegen prüfende Vogelschnäbel und Eidechsenkiefer in erster Linie mit ihrer widerstandsfähigen, dicken Kutikula. Viele ergänzen diese Panzerung in der zweiten Verteidigungslinie mit schädlichen chemischen Substanzen (siehe Seite 138). Und auch starke Kiefer oder dolchartige Mundwerkzeuge können eingesetzt werden: Jeder, der verrückt genug ist, den Gemeinen Rückenschwimmer *Notonecta glauca* in die Hand zu nehmen, wird einen scharfen, stechenden Schmerz spüren, wenn das Insekt seinen stilettoähnlichen Rüssel in die Hand stößt und brennende Verdauungssäfte injiziert.

VERTEIDIGUNG IN EINER FEINDLICHEN WELT · 125

Ein anderer Trick ist, sich drohend zur Schau zu stellen; Gottesanbeterinnen wenden ihn oft an: Sie stellen sich auf die Hinterbeine und schwingen in aggressiver Pose ihre dornigen Fangarme. Wenn man eine Gottesanbeterin falsch anfaßt, kann leicht Blut fließen.

Ein paar Insekten stellen sich gern tot *(Thanatose),* um Raubfeinden zu entrinnen. Besonders blattfressende Rüsselkäfer tun das oft: Wenn sie gestört werden, lassen sie sich mit angezogenen Beinen von der Pflanze fallen.

WACHE SINNE

Scharfe Augen und blitzschnelle Reaktionen helfen so manchem Insekt aus der Patsche. Das gilt besonders für Fliegen; nur Chamäleons und besonders geschickte Vögel können sie fangen.

Viele Insekten können hören – normalerweise spielt der Hörsinn bei der Balz eine Rolle (siehe Kapitel 6) –, aber bei manchen hat Hören mit Selbsterhaltung zu tun. Die Ohren einiger Gottesanbeterinnen, Laubheuschrecken, Netzflügler und Nachtschmetterlinge sind darauf eingerichtet, die Ultraschallfrequenzen insektenfressender Fledermäuse wahrzunehmen. Sie hören die Fledermausrufe im Frequenzbereich zwischen 30 und 100 kHz. Wenn so ein Insekt erst einmal merkt, daß es vom Fledermausradar erfaßt worden ist, startet es ein Aus-

Nächste Seite: *Eine südafrikanische Laubheuschrecke der Gattung* Armativentris *verstärkt ihre Rüstung mit Dornen. Sie verteidigt sich auch chemisch mittels einer übel schmeckenden, gelben Flüssigkeit, die man hier gerade aus Drüsen zwischen den Panzerplatten austreten sieht.*

Unten: *Große Augen und blitzschnelle Reflexe machen diese räuberische Wasserwanze, einen Rückenschwimmer der Gattung* Anisops *(Australien), zu einem furchtbaren Räuber. Aber sie bieten ihm auch Schutz vor anderen Räubern.*

weichmanöver: Es läßt sich zu Boden fallen, aus dem Erfassungsbereich des Radars heraus.

TARNEN UND TÄUSCHEN

Wer nicht gesehen wird, wird auch nicht gefressen. Viele Insekten, zum Beispiel Schwarzkäfer, Ohrwürmer und Nachtschmetterlinge, sind deshalb nur nachts unterwegs. Tags ruhen sie unter Steinen, in Rindenspalten, im Fallaub oder unter Blättern.

Aber es gibt auch raffiniertere Methoden, sich unsichtbar zu machen, ohne deshalb tagsüber verschwinden zu müssen. Viele Insekten aus allen möglichen Insektengruppen haben diesen Weg eingeschlagen: Sie ähneln – oft bis aufs I-Tüpfelchen – leblosen Objekten oder Dingen, die in den Augen des Räubers nicht eßbar sind. Viele Insekten sehen beispielsweise aus wie Steine, Samen, abgestorbenes Gras, abgebrochene Stöckchen, Dornen oder Vogelkot.

Einige Insekten – besonders Laubheuschrecken, aber auch Gottesanbeterinnen und Wanzen – haben das Aussehen von Blättern angenommen. Sie

Unten: *Diese Raupe eines Nachtfalters (Costa Rica) imitiert Vogelkot.*

Rechts: *Diese Laubheuschrecke der Gattung* Phylloptera *(Brasilien) ähnelt einem lebenden grünen Blatt.*

Gegenüber: *Buckelzirpen,* Umbonia spinosa *(Venezuela), ordnen sich so auf einem Stengel an, daß sie sich ihre Ähnlichkeit mit Dornen zunutze machen können.*

DIE IM DUNKELN SIEHT MAN NICHT

Insekten haben viele Methoden entwickelt, sich unsichtbar zu machen und ein Teil des Versteckspiels ist stets, die meiste Zeit reglos dazusitzen und sich nur sehr langsam zu bewegen: Vögel und Eidechsen haben scharfe Augen und würden es wahrscheinlich merken, wenn ein Stein oder ein totes Blatt plötzlich aufsteht und wandelt.

Die verblüffende Ähnlichkeit dieser Insekten mit allen möglichen Dingen aus ihrer natürlichen Umgebung, ist ein Beweis dafür, wie genau die natürliche Selektion arbeitet: Die wichtigsten Werkzeuge der Selektion waren und sind Vögel und Eidechsen. Zwar erbeuten viele Insekten andere Insekten, aber sie spielten dabei wohl keine Rolle. Die optischen Tricks, die Insekten bei dieser Art Selbstschutz anwenden, wirken eher auf Wirbeltieraugen als auf die Komplexaugen von Insekten.

Unten: *Die Nachtfalterraupe (Madagaskar) ähnelt dem flechtenbewachsenen Untergrund, von dem sie sich ernährt.*

Rechts: *Eine Heuschrecke der Gattung* Trachypetrella *sieht aus wie ein Quarzstein in der Wüste des südafrikanischen Namaqualandes.*

Unten: *Die Raupe des Birkenspanners (England) wird nicht so leicht von Vögeln gefressen, weil sie einem Zweig verblüffend ähnlich sieht.*

Rechts: *Diese Wanze,* Phyllomorpha laciniata *(Israel), ist durch ihre große Ähnlichkeit mit ihrer Nahrungspflanze* Paronychia *ausgezeichnet geschützt.*

VERTEIDIGUNG IN EINER FEINDLICHEN WELT · 131

Links: *Die Nymphe der Gottesanbeterin* Phyllocrania illudens *(Madagaskar) entgeht Räubern, weil sie einem vertrockneten, abgestorbenen Blatt zum Verwechseln ähnelt.*

Rechts: *Eine Buckelzirpe,* Umbonia crassicornis *(Florida), neben einem Rosendorn, dem sie so verblüffend gleicht.*

Die Kopfzeichnung am Hinterteil der Raupe lenkt die Schnabelhiebe hungriger Vögel auf einen nicht lebenswichtigen Körperteil.

ähneln ihnen nicht nur in Form und Farbe, sie imitieren auch das Muster der Adern und die Sprenkel, die von Pilzbefall herrühren.

Andere Blattnachahmer spezialisieren sich darauf, wie ein eingerolltes, braunes, totes Blatt auszusehen. Um die Wirkung noch zu verstärken, lassen sich einige Arten an einem Bein von einem Zweig herunterbaumeln und drehen sich langsam, als würden sie von einer Brise bewegt. Die südamerikanische Mantis *Acanthops falcata* zum Beispiel sieht einem toten Blatt zum Verwechseln ähnlich.

Auch die Raupe des südamerikanischen Falters *Prepona antimache* ist eindrucksvoll. Sie sieht aus wie ein verschrumpeltes, totes Blatt und läßt sich an einem Seidenfaden von der Spitze eines grünen, lebenden Blattes herunterhängen. Auf diese Weise ahmt sie eine Art von Blattzerfall nach, die unter Tropenbäumen häufig vorkommt: Das Welken und Sterben des Blattes beginnt an der Spitze und setzt sich zur Basis hin fort.

Andere Blattimitatoren haben Insektenfraß in ihrer Trickkiste: Einige Malaysianische Nachtschmetterlinge der Gattung *Carniola* haben zum Beispiel

VERTEIDIGUNG IN EINER FEINDLICHEN WELT · 133

Links: *Viele Schmetterlinge haben unabhängig voneinander Kopfattrappen als Schutz gegen hungrige Vögel entwickelt, so zum Beispiel dieser Schmetterling aus Trinidad,* Colobura dirce.

durchsichtige Flecken auf ihren ansonsten schüppchenbedeckten Flügeln, und diese Flecken sehen wie ein bestimmtes Fraßmuster von Insekten an Blättern aus. Die Flügeladern des Schmetterlings bleiben auf den durchsichtigen Flecken des Flügels sichtbar, und das Ganze wirkt wie ein totes Blatt, das teilweise skelettiert worden ist. Wenn der Falter *Anea itis* aus Mittel- und Südamerika die Flügel in Ruhestellung senkrecht faltet, so daß die Unterseiten zu sehen sind, ähnelt er einem toten oder sterbenden Blatt mit zerfetzten Rändern, aus dem Blattschneiderameisen Stücke herausgebissen haben. Auch er hat stellenweise Flecken, die wie Pilzschäden aussehen.

Eine andere Methode, sich unsichtbar zu machen ist, sich dem Untergrund anzugleichen. Viele Insekten setzten Tarnkappen auf. Um den Gesamteindruck zu verbessern, ändern sie nicht nur ihre Farbe, sondern auch ihre Oberflächenstruktur und Körperhaltung.

Flechtenbewachsene Rinde ist ein gängiger Untergrund, und manche Arten aus den Gruppen der Zikaden, Schildwanzen, Laubheuschrecken und Spinnerraupen sehen aus wie Flechtenüberzüge.

Nächste Doppelseite: *Eine geradezu unheimliche Ähnlichkeit mit toten Blättern – das ist der verblüffende Verteidigungstrick dieser Gespenstschrecke,* Phyllium bioculatum *(Neuguinea).*

AUGEN, DIE ES IN SICH HABEN

Eine ganze Reihe von Insekten hat Augenflecken auf den Flügeln entwickelt. Abgesehen von den hier abgebildeten Arten finden sich Augenflecken bei Gottesanbeterinnen und den Raupen von Nachtschmetterlingen.

Augenflecken bei Insekten haben stets konzentrische Kreise, die der Iris und Pupille eines echten Auges ähneln, und helle, assymetrische Flecke, die wie der glitzernde Lichtreflex im Auge wirken. Vögel lassen sich von großen Augen abschrecken, besonders dann, wenn die beiden Augen auf den Hinterflügeln eines Insekts weit auseinander liegen: Das wirkt wie ein großer Kopf mit großem Maul, und dem sollte man aus dem Weg gehen. Augenflecken finden sich oft auf den Hinterflügeln gut getarnter Insekten meist unter den tarnfarbigen Vorderflügeln versteckt. Wenn ein neugieriger Vogel die erste Verteidigungslinie des Insekts, sprich: die Tarnung, durchbrochen hat, werden die Augenflecken plötzlich präsentiert. Bei kleinen Insekten sind Augenflecken oft keine sonderlich exakten Darstellungen von Augen, und ihre wichtigste Funktion ist hier vielleicht, einen pickenden Vogel von lebenswichtigen auf weniger lebenswichtige Körperteile abzulenken.

Loepa katincka, *ein Augenspinner aus Indien.*

Antheraea roylei, *ein Eichenseidenspinner aus Indien.*

Oben: *Konzentrische Ringe und Glanzlichter lassen das Augenmuster des Schmetterlings* Caligo eurilochus *(Costa Rica) wie ein echtes, glänzendes Auge mit einer Pupille aussehen.*

Rechts: *Eine dieser Peanut bugs,* Laternaria laternaria *(Costa Rica); ist erschrocken, hat die Schreckstellung eingenommen und die Augenflecken auf den Hinterflügeln freigelegt.*

VERTEIDIGUNG IN EINER FEINDLICHEN WELT · 137

Links: *Der Augenspinner* Gonimbrasia tyrrhea *(Sambia). Augenflecken haben sich bei vielen Insektengruppen eigenständig entwickelt, besonders bei Schmetterlingen.*

Unten: *Ein anderer Augenspinner,* Reucanella leucane *(Mexiko).*

CHEMISCHE VERTEIDIGUNG

Wir haben fast alle schon Erfahrung mit der chemischen Verteidigung von Insekten gemacht: Wespen und Bienen tragen einen Stachel, mit dem sie Gift injizieren. Das Gift ist eine komplexe Mischung aus chemischen Verbindungen, und jede davon führt zu einem bestimmten Ergebnis. Einige Verbindungen verursachen Schmerz, andere rufen Schwellungen hervor, und wieder andere senken den Blutdruck; üblicherweise führt eine davon beim Opfer zu Gewebsveränderungen, was es den anderen Komponenten erleichtert, sich auszubreiten. Sogar stachellose Ameisen und Bienen haben ihren chemischen Schutz. Die Ameisen können beißende, vorübergehend blindmachende Ameisensäure versprühen, und manche stachellose Bienen produzieren in Drüsen am Kopf ein ätzendes, brennendes Sekret.

Bewohner gewisser grüner Vororte sind vielleicht mit einem anderen Beispiel chemischer Kriegsführung von Insekten vertraut. Die Raupen des Goldafters, *Euproctis chrysorrhoea*, haben ein dichtes Haarkleid. Jedes Haar ist hohl und steht mit einer kutikulären Drüse in Verbindung, die eine Reizsubstanz absondert. Wenn diese Haare die Haut streifen, brechen sie ab und erzeugen einen scheußlichen, blasigen Ausschlag. Weil die Larven gesellig auf Zierbäumen

Eine Raupe des Schwalbenschwanzes Papilio polyxenes *(USA) hat ihre Nackengabel ausgestülpt – eine doppelt wirksame Verteidigungstaktik: Die plötzliche Ausstülpung dieses lebhaft gefärbten Drüsenorgans hat den Zweck, einen möglichen Räuber oder eine parasitische Wespe zu erschrecken, aber falls das nicht funktioniert, wirkt vielleicht der unangenehme Geruch, den diese Drüse ausströmt.*

leben, wie sie in Städten gepflanzt werden, können sie zu einem echten Problem werden, besonders wegen folgender raffinierter Anpassung: Wenn sich eine Raupe verpuppt und ihren seidenen Kokon spinnt, baut sie die »Brennhaare« in die äußeren Seidenschichten mit ein. Später, wenn der ausgewachsene Spinner den Kokon verlassen hat, können die zerfledderten Überbleibsel des Kokons vom Wind verweht werden und Haare freisetzen. Bei Bewohnern städtischer Gebiete, in denen der Spinner sehr häufig war, können diese Haare in der Luft zu schweren Augenreizungen führen.

Aber der Einbau der Verteidigungshaare in den Kokon ist noch nicht alles, was der Goldafter in puncto Recycling seiner Verteidigungsmittel zu bieten hat. Wenn ein Spinnerweibchen aus seinem Kokon schlüpft, nimmt es mit einer dichten Bürste aus Haaren, die am Ende des Abdomens sitzt, Büschel der Brennhaare vom Kokon auf und läßt sie über ihr Gelege fallen, während sie die Eier ablegt. Auf diese Weise ist auch das Gelege geschützt.

Die Raupen eines südamerikanischen Augenspinners haben sogar noch gefährlichere Haare. Die Drüsen, die diese Haare versorgen, sondern einen starken Gerinnungshemmer ab: Kontakt mit diesen Raupen kann daher zu ernsten Blutungen, manchmal sogar zum Tod durch Blutverlust führen.

Die chemischen Waffen von Ameisen, Wespen, Bienen und dem Goldafter werden alle von den Insekten selbst produziert. Zu den Anwendern hausgemachter chemischer Waffen gehören auch viele Wanzenarten, die bei Störung unangenehme Düfte freisetzen, und viele Käferarten. Einige Kurzflügler der Gattung *Paederus* sind besonders gut geschützt. Sie produzieren eine äußerst schädliche Flüssigkeit, die schwere Blasen und Ausschläge verursacht. Die wirksame Substanz heißt Paederin und kann, wenn sie in die Augen gelangt, durch akute Geschwürbildung auf der Hornhaut zur Erblindung führen.

Die berühmte Spanische Fliege, *Lytta vesicatoria*, ist eigentlich ein Käfer. Die Flügeldecken enthalten hohe Konzentrationen einer chemischen Verbindung namens Cantharidin, die sehr unangenehme Blasen verursacht. Die aphrodisischen Eigenschaften, die man diesem Käfer nachsagt, hängen damit zusammen, daß die chemische Verbindung eine milde, angeblich angenehme und daher erotisch stimulierende Wirkung auf die Schleimhaut der Harnröhre während des Urinierens ausübt. Unglücklicherweise ist es praktisch unmöglich, die genaue Dosierung der getrockneten Flügeldecken von *Lytta* zu finden, so daß das, was als Auftakt zu erotischer Ekstase gedacht war, weit häufiger mit einem Besuch beim Urologen endet. Dennoch ist Cantharidin mit gutem Grund in der Zubereitung von Medikamenten für profanere Zwecke in Gebrauch.

Weniger spektakulär in der Wirkung, aber dramatischer in der Erscheinung,

Diese Raupe eines Asselspinners (Java) ist mit hohlen Verteidigungsdornen bewaffnet, die eine brennende Flüssigkeit enthalten.

ist eine seltsame Form von Verteidigung, die bei Larven und erwachsenen Tiere der Marienkäfer vorkommt. Wenn der Marienkäfer von einem Raubfeind gestört wird, tritt plötzlich aus bestimmten dünnhäutigen Stellen an den Beingelenken ein äußerst bitterschmeckendes, leuchtend orangegelbes Blut aus. Man nennt dieses Verhalten Reflexbluten. Das Insekt kann offensichtlich diesen Blutverlust verkraften, und man glaubt, daß Vögel lernen, die leuchtende Farbe mit einem höchst widerlichen Geschmack in Verbindung zu bringen und Marienkäfer in Zukunft zu meiden.

Die Körperflüssigkeiten einiger Käfer sind extrem giftig. In Südafrika benutzen die einheimischen Jäger der Kalahari-Wüste die Flüssigkeit aus den zerstampften Körpern von *Diamphidia nigroarrata* als tödliches Pfeilgift. Ihre Beute stirbt an allgemeiner Lähmung.

Andere Käfer haben eine buchstäblich explosive Erfahrung für jeden Räuber in petto, der dumm genug ist sie anzugreifen. Die Rede ist von den berühmten Bombardierkäfern, vor allem solche der Gattung *Brachinus*, die in Nordamerika und Europa vorkommen.

Wenn der Käfer angegriffen wird, entläßt er aus dem Anus einen 100 Grad heißen Strahl von p-Benzochinon. Diese chemische Verbindung wirkt auf Spinnen, Raubinsekten, Nager und Vögel höchst abstoßend. Der Ausstoß wird von einem hörbaren Knallen begleitet, das ein wenig wie Gewehrfeuer klingt. Die Käfer haben ein sehr bewegliches Abdomenende, so daß sie regelrecht auf den Räuber zielen können.

Weil p-Benzochinon eine flüchtige und instabile Substanz ist, können die

Die Warnfärbung dieses Siebenpunkts Coccinella septempunctata *hält die räuberische Schildwanze* Troilus luridus *(England) nicht davon ab, ihn leerzusaugen. Die Warnfarben schrecken zwar Vögel und Säugetiere ab, aber diese Wanze ist gegen das giftige Blut von Marienkäfern immun.*

VERTEIDIGUNG IN EINER FEINDLICHEN WELT · 141

Käfer es nicht speichern; sie stellen es vielmehr bei Bedarf in dem Augenblick her, in dem sie es brauchen. Paarige Drüsen synthetisieren eine Mischung aus Wasserstoffperoxid und Chinonen, die in einer Sammelblase gespeichert wird. Wenn der Käfer angegriffen wird, entläßt er einen Teil der Mischung über ein Einwegventil in eine Brennkammer. Diese Kammer enthält oxidierende Enzyme, die in einem explosionsartig ablaufenden chemischen Vorgang die Entstehung von p-Benzochinon katalysieren. Die Explosion schließt das Einwegventil, so daß das chemische Spray mit Nachdruck aus dem Anus schießt.

Sehr viele Insekten stellen ihre chemischen Waffen nicht selbst her; sie bekommen sie von den Pflanzen, die sie fressen. Wir haben in Kapitel 4 gesehen, daß viele Pflanzen eine eigene chemische Verteidigung entwickelt haben, die pflanzenfressende Insekten abschreckt. Aber viele Insekten haben den Spieß umgedreht und sind entweder immun gegen das Pflanzengift geworden oder wandeln es chemisch um. Auf jeden Fall speichern sie es in ihrem Körpergewebe, und das macht sie für räuberische Wirbeltiere wie Eidechsen und Vögel ungenießbar. Insektenarten, die pflanzliche Chemikalien isolieren und in der beschriebenen Art benutzen, finden sich bei den Käfern, Heuschrecken und besonders unter den Schmetterlingen.

Oben: *Die Warnfarben dieser Heuschreckennymphe,* Tropidacris cristatus *(Costa Rica), signalisiert möglichen Raubfeinden, daß sie ein übel schmeckender Happen ist.*

Unten: *Zwei Arten von Verteidigung: Die Nymphen der Wanze* Libyaspis coccinelloides *(Madagaskar) sind kryptisch gefärbt, um nicht entdeckt zu werden. Die Erwachsenen dagegen machen mit auffallenden Warnfarben ihren schlechten Geschmack publik.*

Mit Mustern in leuchtenden, auffälligen Farben weisen solche Insekten deutlich darauf hin, wie widerlich sie schmecken. Bänder und Flecken in Orange, Rot, Gelb, Schwarz und Weiß sind eine verbreitete Warntracht. Räuber lernen, solche Muster mit ekelhaftem Geschmack oder Brechreiz zu assoziieren und werden folglich solche Insekten in Zukunft meiden.

Einige warnfarbige Nachtschmetterlinge, zum Beispiel der Braune Bär *Arctia caja,* beherrschen einen weiteren Verteidigungstrick. Tagsüber ruhen sie, manchmal an auffälligen Stellen, sind aber durch ihre Warnfärbung geschützt. Nachts, wenn auch ein knalliges Muster in leuchtenden Farben sie nicht vor Fledermäusen schützen kann, fliegen sie umher. Aber dafür können sie die Ultraschallrufe hören, die das Radarsystem der Fledermäuse ausmachen; sie reagieren darauf mit eigenen Tönen – und schrecken damit die Fledermäuse ab; man vermutet, daß die Schmetterlingssignale das Radarsystem der Fledermäuse stören.

Die Evolution der Warnfärbung bereitete den Weg

VORBILDER UND IHRE NACHAHMER: BATES'SCHE MIMIKRY

Der große viktorianische Naturforscher Henry Bates äußerte als erster den Gedanken, daß die Färbung schlecht schmeckender, warnend gefärbter Insekten vielleicht von Arten kopiert werden könnte, die nicht chemisch geschützt sind. Durch seine Beobachtungen tropischer Schmetterlinge entdeckte er das System der nach ihm benannten Batesschen Mimikry: Die giftige Art heißt Vorbild, und die ungiftige in derselben Aufmachung wie das Vorbild wird Nachahmer genannt. Bates vermutete, daß schlecht schmeckende oder giftige Schmetterlinge immer auffällig gemustert sind und daß Vögel aus schmerzlichen Erfahrungen lernen, diese Farben mit unangenehmen Folgen in Verbindung zu bringen, zum Beispiel mit üblem Geschmack und/oder Brechreiz. Für einen Vogel, der gerade Junge aufzieht, hat es womöglich schreckliche Konsequenzen, auf diese Weise vorübergehend gehandikapt zu sein: Wenn die Nahrungsversorgung stockt, ist vielleicht das Überleben der Brut in Gefahr. Vögel haben also allen Grund schnell zu lernen, daß gewisse Arten von Insekten gemieden werden sollten.

Warnfarben sind ein direkter Kommunikationskanal zwischen Insekt und Vogel mit einer klaren, unmißverständlichen Aussage: »Wenn du mich frißt, wird's dir noch leid tun!« Daß Vögel die Botschaft tatsächlich verstehen, ist experimentell zu Genüge bewiesen worden: Man bietet Vögeln harmlose Nahrungsbrocken an, die mit Lebensmittelfarben leuchtend gefärbt worden sind.

Oben: *Die Warnfarben dieses Schmetterlings,* Acraea macaria hemileuca *(Kenia), weisen darauf hin, daß er giftig ist. Und er ist das Vorbild für eine ungiftige Schmetterlingart...* *...den Schwalbenschwanz* Papilio jacksoni (rechts), *der* Acraea *imitiert. Wenn eine ungiftige Art die Warnfärbung einer giftigen nachahmt, heißt das »Batessche Mimikry«.*

Erfahrene Vögel meiden dieses Futter, naive Vögel dagegen fressen es. Wenn die unerfahrenen Vögel daraufhin schlecht schmeckendes Futter angeboten bekommen, das ebenfalls knallig gefärbt ist, lernen sie bald, die Farben mit einer unangenehmen Erfahrung zu assoziieren und meiden es. Einige ungiftige Insekten haben nun angefangen, Falschnachrichten zu senden: Unter dem Druck räuberischer Vögel hatten ungiftige Arten (Nachahmer), die den giftigen Arten (Vorbildern) halbwegs ähnlich sahen, eine bessere Überlebenschance als diejenigen, die ihnen nicht ähnelten. Mit der Zeit »selektierten« die Vögel jene Nachahmer aus, die am wenigsten wie ihre Vorbilder aussahen. Auf diese Weise führte die natürliche Selektion zu der bemerkenswert großen Ähnlichkeit zwischen Nachahmern und Vorbildern, wie wir sie hier sehen.

Damit das System funktioniert, müssen sich Nachahmer und Vorbilder denselben Lebensraum teilen und zu denselben Jahreszeiten aktiv sein. Außerdem muß das Vorbild einen chemischen Drahtseilakt aufführen: Es sollte schädlich genug sein, um für eine nachhaltige Erfahrung zu sorgen, aber nicht so giftig, daß die Vögel getötet werden, da sie sonst keine Chance haben zu lernen. Und die Dynamik des Ganzen hängt direkt von der Beobachtungsschärfe der Vögel, ihrer Merkfähigkeit und ihrer Fähigkeit ab, Schlüsse zu ziehen.

Oben: *Dieser Blasenkäfer,* Mylabris oculata *(Südafrika), ist durch das starke Gift in seinen Flügeldecken chemisch geschützt. Die auffällige Zeichnung ist eine Warnung an mögliche Räuber, aber das Signal wird von ...*

...diesem Agelia petali *(rechts) untergraben, der den Blasenkäfer im Sinne der Batesschen Mimikry nachahmt.*

GEMEINSAME SACHE MACHEN: MÜLLERSCHE MIMIKRY

Bei der Müllerschen Mimikry – nach ihrem Entdecker Fritz Müller, dem Naturforscher aus dem 19. Jahrhundert benannt – geht es um einen Zusammenschluß von Arten, die alle ungenießbar sind, und in der alle Mitglieder des Komplexes ein ähnliches Warnmuster haben.

Wie bei der Batesschen Mimikry ist auch die treibende Kraft hinter der Müllerschen Mimikry der Druck, der von räuberischen Vögeln ausgeht. Wegen dieses Drucks lohnt es sich für ungenießbare Arten aus demselben Lebensraum, eine gemeinsame Botschaft zu übermitteln – dieselbe wie die des Vorbildes in der Batesschen Mimikry: »Wenn du mich frißt, wird's dir noch leid tun.« Aber in diesem Fall sagen alle die Wahrheit.

Der Vorteil bei der Müllerschen Mimikry ist, daß Vögel sich nur an *eine* Warnfärbung erinnern müssen und folglich weniger Insekten verletzt oder getötet werden.

Außerdem kann sekundäre Verstärkung zum Tragen kommen: Je häufiger ein Räuber das Warnmuster einer schädlichen Art sieht, desto verläßlicher wird er sie meiden, auch ohne sie zu kosten.

Die Arten, die sich nach dem Prinzip der Müllerschen Mimikry sehr ähnlich sehen, sind manchmal kaum miteinander verwandt. Diese Art Mimikry findet sich bei Schmetterlingen, Käfern, Wespen und Bienen.

Bei der Batesschen wie bei der Müllerschen Mimikry bringt der Lernprozeß eines Vogels unvermeidlich den Tod einiger Insekten mit sich, aber man fand heraus, daß viele giftige Insekten mit Warnfärbung eine ungewöhnlich zähe Kutikula haben. Folglich könnten wenigstens einige den Pickangriff eines Vogels überstehen, um eines Tages wieder als fliegendes Brechmittel anzutreten.

Eine Ansammlung widerlich schmeckender oder giftiger Arten, die nach dem Prinzip der Müllerschen Mimikry dieselbe Warnfärbung entwickelt haben:
Oben links: *Ein* Mechanitis isthmia *(Trinidad).*
Oben rechts: *Ein* Heliconius isabella *(Trinidad).*
Links: *Ein Fleckenfalter,* Eresia eunice *(Peru).*
Rechts: *Ein tagaktiver Bärenspinner,* Dysschema irene *(Brasilien).*

für die Mimikry giftiger Insekten durch chemisch ungeschützte Arten (Batessche Mimikry, siehe Seite 142-143) und ganz allgemein für die Evolution von Warnmustern unter chemisch geschützten Arten (Müllersche Mimikry, siehe gegenüberliegende Seite).

Die chemischen Substanzen, mit deren Hilfe sich Insekten verteidigen – gleichgültig, ob sie nun vom Insekt selbst erzeugt oder pflanzlichen Ursprungs sind – lassen sich in zwei große Kategorien einteilen, je nachdem, welche Wirkung sie auf Räuber haben: Die sogenannten Verbindungen der Klasse I und die der Klasse II.

Verbindungen der Klasse I sind mehr oder weniger giftig und schädigend. Es gibt zwei Arten: unmittelbar wirkende Substanzen, wie sie sich im Gift der Wespen und Bienen finden, die zum Beispiel plötzliche, starke Schmerzen und Reizungen hervorrufen, und Verbindungen »mit Zeitzünder«, die Blasen und Brechreiz verursachen. Letztere gründen sich auf die Fähigkeit von Vögeln, sogar verzögerte Wirkungen mit dem Fressen einer bestimmten Beuteart in Verbindung zu bringen. Substanzen »mit Zeitzünder« können als Gedächtnisstütze

Die Harlekintracht dieser Nymphen einer Pflanzenwanze, Gattung Pachlis *(Mexiko), gibt möglichen Räubern zu verstehen, daß den Unvorsichtigen ein höchst widerlicher Geschmack erwartet.*

146 · VERTEIDIGUNG IN EINER FEINDLICHEN WELT

NACHAHMER VON AMEISEN, WESPEN UND BIENEN

Ameisen, Wespen und Bienen verteidigen sich mit einem schmerzhaften Stachel. Und stachellose Ameisen und Bienen haben andere chemische Waffen zu ihrer Verfügung: ein konzentriertes Spray aus Ameisensäure (Ameisen) und Sekrete aus Kopfdrüsen (stachellose Bienen), die ätzende Blasen erzeugen.

Kein Wunder, daß solche chemisch gut geschützten Insekten Vorbilder für alle möglichen unbewaffneten Insekten sind. Wespen- und Bienenimitatoren haben ähnliche Warnfarben wie ihre Vorbilder; gewöhnlich sind das abwechselnd Bänder in Schwarz und Gelb oder Orange: Diese Nachahmer holen sich, wie ihre Vorbilder, ihre Nahrung an Blumen und sind daher oft gemeinsam mit ihnen an Blüten zu sehen.

Viele Wespen- und besonders Ameisennachahmer ähneln ihren Vorbildern nicht nur in der Farbe sondern auch in Körperform und Bewegungen.

Rechts: *Eine überzeugende Ameisenmimikry – eine Wanze der Gattung* Hyalymenus *(Mexiko) saugt an Früchten.*

Unten: *Mehrere wespenimitierende Schwebefliegen,* Syrphus ribesii *(England), teilen sich eine* Angelica-*Blüte mit einer Waldwespe,* Dolichovespula sylvestris.

Eine spezialisierte Bienennachahmerin: Die Schwebefliege Eristalis tenax *(unten) und ihr Modell, die Honigbiene* Apis mellifera *(England).*

VERTEIDIGUNG IN EINER FEINDLICHEN WELT · 147

Rechts: *Eine Wanze,* Lissocarta vespiformis, *die eine Wespe nachahmt, in einem peruanischen Regenwald.*

Unten: *Eine spezialisierte Hummelnachahmerin: Die Schwebefliege* Volucella bombylans *(rechts) teilt sich eine Blüte mit ihrem Vorbild, der Hummel* Bombus lucorum *(England).*

Larven einer Pflanzenwespe der Gattung Perga *(Australien) richten sich unisono in Drohhaltung auf und sondern gleichzeitig ein übelschmeckendes Sekret ab.*

dienen, wenn der üble Geschmack der Beute beim Erbrechen noch einmal auflebt. So verstärken Effekte, die erst verzögert eintreten, die unmittelbaren Wirkungen schädlicher Verbindungen.

Verbindungen der Klasse II sind für sich genommen harmlos. Sie können einen Räuber nur abschrecken. Einige Verbindungen der Klasse II sind einfache Gerüche und haben einen verstärkenden Effekt: Gerüche rufen Erinnerungen wach und werden im Gedächtnis des Vogels mit den stärkeren Wirkungen der Klasse-I-Verbindungen assoziiert.

Der chemische Schutz vieler Insekten macht sie indessen nicht unbesiegbar. Einige insektenfressende Vögel haben in der Eskalation und Gegeneskalation der Räuber-Beute-Beziehungen die Fähigkeit entwickelt, mit allen möglichen Waffen ihrer Beute zurechtzukommen: Bienenfresser können eine Wespe oder Biene entwaffnen, indem sie blitzschnell und geschickt den Stachel entfernen. Und Monarchschmetterlinge, *Danaus plexippus*, werden an ihren Überwinterungsplätzen in Mexiko (siehe Kapitel 3) manchmal von Schwarzkopfknackern gefressen, die völlig immun gegen die Gifte im Körpergewebe des Schmetterlings zu sein scheinen. Ein anderer Vogel, der *Black-headed oriole*, ist zwar nicht völlig immun gegen die Gifte des Monarchen, aber er kann Schwankungen im Giftgehalt verschiedener Tiere feststellen. Und er wählt zielsicher die Exemplare, die weniger giftig sind als der Durchschnitt.

Heuschrecken der Gattung *Romalea* sind besonders gut geschützt. Sie sind groß und tragen Warnfarben, und sie steigern die Wirkung ihrer Warntracht noch, indem sie gesellig leben. Ihre chemische Waffe führen sie in Form eines hochgiftigen, stechend riechenden und flüchtigen Sprays mit sich; dazu geben sie einen lauten Zischlaut von sich, der alle Eidechsen und Vögel abschreckt – das heißt, alle außer einer Art. Der *Loggerhead shrike* läßt sich nicht einschüchtern. Er fängt die Heuschrecken, spießt sie blitzschnell auf Dornen und läßt sie dort einige Tage lang stecken.

Die Sammlung aufgespießter Heuschrecken dient nicht nur als Speisekammer, sie ist für männliche *Loggerhead shrikes* auch ein territoriales und sexuelles Signal. Und so klingt die Botschaft an weibliche Würger: »Sieh mich an, ich kann jede Menge dieser giftigen Heuschrecken zusammentragen, ohne Schaden zu nehmen, also laß uns zusammen Junge haben.«

Sogar der *Loggerhead shrike* ist nicht immun gegen den Brechreiz, den diese Heuschrecken auslösen, aber wenn der Würger die Beute mehrere Tage lang aufgespießt stecken läßt, denaturieren die Gifte an der Sonne.

Die Verteidigungspolitik der Insekten hat sich im Verlauf eines ständig eskalierenden Wettrüstens entwickelt. Seit Millionen von Jahren ist das so gewesen, lange bevor die Dr. Seltsams unserer eigenen Art danach trachteten, immer scheußlichere Methoden zum Töten von Menschen zu erfinden.

Wenn diese Heuschrecke, Phymateus morbillosus *(Südafrika), von einem hungrigen Vogel angepickt oder von einer Eidechse bedrängt wird, verteidigt sie sich, indem sie einen übelriechenden, giftigen Schaum absondert.*

6

SEID FRUCHTBAR UND MEHRET EUCH

Werbung, Paarung und elterliche Fürsorge

Dieses kopulierende Wanzenpaar, Aniscocelis flavolineata *(Costa Rica), hat im englischen Sprachraum den passenden Namen Fahnenfuß-Wanze. Rücken-gegen-Rücken ist unter Wanzen eine verbreitete Kopulationshaltung.*

Rechts: Baumwoll-Färber-Wanzen der Gattung Dysdercus *(Kenia) drängen sich auf einer Maniok-Pflanze, um zu kopulieren und zu fressen.*

Unten: Eine Ansammlung männlicher Schildwanzen – Eysarcoris fabricii *(England) – bei der gemeinsamen Balz in der Hoffnung, Partnerinnen anzulocken. Sie erzeugen einen Balzruf durch Stridulation – so heißen Geräusche, die durch Aneinanderkratzen zweier Körperteile erzeugt werden.*

Würden sämtliche Kinder und Kindeskinder eines Hausfliegenpaares überleben, dann entstünde nach einem Jahr eine Fliegenkugel von 149,6 Millionen Kilometer Durchmesser – das entspricht der Entfernung zwischen Sonne und Erde. Daß Fliegen nicht zur Fliegenlawine anwachsen, ist das Ergebnis vieler Kontrollinstanzen: der Umweltbedingungen, Parasiten, Räuber und Krankheiten. Daß Fliegen aber theoretisch dazu imstande sind, zeugt von ihrem enormen Vermehrungspotential. Insekten sind zweifellos sehr fruchtbare Geschöpfe. Die Hauptaufgabe erwachsener Insekten besteht darin, sich auszubreiten und vor allem, dafür zu sorgen, daß so viele Kopien ihres Erbmaterials wie nur möglich in die nächste Generation gelangen. Und sie haben eine Menge ausgefallener Methoden entwickelt, um das zu erreichen.

MÄNNCHEN SUCHT WEIBCHEN

Bevor sich ein Insekt paaren kann, muß es zunächst den Geschlechtspartner seiner eigenen Art erkennen können. Angesichts der gewaltigen Insektenmassen an jedem Fleck auf Erden scheint diese Aufgabe allerdings entmutigend: Im Schnitt leben zehn Milliarden Insekten auf einem Quadratkilometer, und viele davon dürften nahe verwandten Arten angehören. Deshalb haben Insekten sehr komplizierte und elegante Methoden entwickelt, um über eine Vielzahl verschiedener Kommunikationskanäle den Geschlechtspartner zu erkennen. Je nach Art können diese Kanäle aus bestimmten Gerüchen, Tönen, optischen Signalen, rhythmischen Lichtblitzen oder aus einer Kombination von zwei oder mehr dieser Kommunikationswege bestehen.

Oft hat das Insektenweibchen die Chance, anhand der Dynamik und Intensität dieser Signale die Qualität ihres Verehrers zu beurteilen. Auch aus der Qualität einer Ressource, zum Beispiel eines Eiablageplatzes, den ein Männchen im Kampf gegen Rivalen errungen hat, kann das Weibchen die genetische Fitness des Männchens einschätzen: »Qualitätsprüfung« ist bei denjenigen Insekten am höchsten entwickelt, bei denen die Männchen den Weibchen Hochzeitsgeschenke anbieten (siehe Seiten 154-155).

Viele nahverwandte Insektenarten sehen im Grunde identisch aus und unterscheiden sich nur in der Bauart der männlichen Genitalien. Entomologen nehmen die Genitalien von Insektenmännchen denn auch wie eine Art Fingerabdruck zu Hilfe, um die Art zu bestimmen. Man nahm an daß Insekten ihre Geschlechtsteile als Visitenkarte nutzen. So entstand die bald sehr populäre Schlüssel-Schloß-Theorie über Insektengenitalien.

BRAUTGESCHENKE

Eine ständig wiederkehrende Frage im Geschlechtsleben der Insekten lautet: Wie ist die Fitness eines potentiellen Partners zu beurteilen? Wie steht es um seine genetischen Qualitäten? Oft sind es die Weibchen, die urteilen, und die Männchen müssen so etwas wie Tüchtigkeit demonstrieren. Einige Arten schaffen Brautgeschenke herbei – eine Methode, zu beeindrucken. Das Anbieten von Geschenken hat sich unabhängig voneinander bei Skorpionsfliegen (die keine echten Fliegen sind und zur Ordnung der *Mecoptera*, der Schnabelfliegen, gehören) und bei Tanzfliegen entwickelt, die zu den echten Fliegen gehören.

Männchen der Gemeinen Skorpionsfliege, *Panorpa communis*, bieten Geschenke vor allem auf zwei Arten an: Entweder sucht ein Männchen sich ein totes Insekt als Geschenk – oft eines, das es aus einem Spinnennetz entwendet hat. Dann setzt es sich neben seine Gabe und sondert ein Geschlechtspheromon (einen Sexualduft) ab, um ein Weibchen anzulocken. Sie frißt sein Geschenk, während er sich mit ihr paart.

Oder das Männchen greift zu einem Trick, falls es kein geeignetes Insekt finden kann: Es deponiert einen Tropfen schnell trocknenden Speichel auf ein Blatt und zieht ihn säulenförmig in die Länge. Dann setzt es sich wieder daneben und ruft vorüberkommende Weibchen mit seinem Pheromon herbei. Ein Weibchen kann die Fitness seines potentiellen Partners anhand der Speichelmenge einschätzen, die er ihr anbietet. Wenn sie ihn akzeptiert, verspeist sie sein Geschenk während der Paarung.

Sowohl von dem toten Insekt als auch vom Speichelgeschenk werden bisweilen Rivalen angelockt, die versuchen, das Geschenk zu stehlen – manchmal mit Erfolg. Das Männchen bemüht sich, die Konkurrenten in die Flucht zu schlagen und sein Geschenk zu verteidigen. Die Gegner beurteilen die Größe und den Wert des Geschenks, und je größer es ist, desto länger sind sie bereit, dafür zu kämpfen.

Mückenhafte sind Verwandte der Skorpionsfliegen, und auch ihre Männchen bieten den Weibchen Geschenke an. Mit ihren zu Raubbeinen umgestalteten Hinterbeinen erbeuten sie Insekten. Die nordamerikanische Art *Bittacus apicalis* verhält sich typisch: Ausgerüstet mit einem Geschenk, fliegt das Männchen durch feuchtes Waldland, die Beute im Tragegriff zwischen den Hinterbeinen. Ab und zu landet es auf einer Pflanze und hängt sich mit seinen verlängerten Vorderbeinen daran. Gleichzeitig stülpt es ein Paar Lockstoffdrüsen an der Abdomenspitze

Oben: *Das Weibchen einer Laubheuschrecke (Brasilien) frißt die Spermatophylax, die es vom Männchen während der Paarung bekommen hat.*

Unten: *Ein Tanzfliegenmännchen,* Polyblepharis opaca *(England), mit einer Weidensamenflocke, die es in Seide gewickelt und als Brautgeschenk benutzt hat.*

Ein kopulierendes Paar Skorpionsfliegen der Gattung Harpobittacus *(Australien). Das Weibchen frißt eine Fliege, die das Männchen kurz zuvor gefangen und ihr als Brautgeschenk angeboten hat.*

aus und ruft mit Sexualdüften nach Weibchen. Ein paarungswilliges Weibchen bringt seine Genitalien mit denen des Männchens zusammen und beginnt mit der Paarung, während es das Geschenk mit den Beinen dreht und wendet und mit den Mundwerkzeugen untersucht, um die Größe und damit die Qualität des Präsents zu begutachten. Sie frißt es während der Paarung und bringt es durchaus fertig, die Hochzeit zu beenden, bevor das Sperma übertragen ist. Je größer das Geschenk, desto länger ist sie bereit zu kopulieren. Es zahlt sich also für das Männchen aus, eine möglichst große Beute aufzutreiben.
Tanzfliegen, im Englischen manchmal auch Mörderfliegen genannt, sind echte Fliegen, und eine Balz mit Geschenken kommt unter ihnen häufig vor. Meistens versammeln sich die Männchen der Gattung *Empis* in dichten Schwärmen; ihr auf- und abschaukelnder Flug hat ihnen den Namen »Tanzfliegen« verschafft. Männchen mit Brautgeschenk, meist mit einer Fliege, wirken auf Weibchen anziehend. Das Geschenk bekommen die Weibchen für die Paarung, und sie fressen es während der Kopulation. Post coitum reißen die Männchen oft das Geschenk wieder an sich, um es noch mehrmals bei nachfolgenden Paarungen einzusetzen. *Empis*-Männchen versuchen häufig, Geschenke anderer Männchen zu stehlen. Manchmal verwerten große *Empis*-Arten die kleineren als Beute, und manche töten sogar Artgenossen, um sie als Mitbringsel zu verwenden. *Empis*-Männchen sind nicht über Betrug erhaben und wagen es sogar, wertlose Löwenzahnsamen als Geschenk anzubieten.

Zu der Zeit, als diese Theorie immer mehr Gehör fand, war man sich noch nicht bewußt, wie weit Balzrituale verbreitet sind und wie häufig spezifische Gerüche und Töne eingesetzt werden. Im Lichte dessen, was wir heute wissen, erscheint die Schlüssel-Schloß-Theorie ein wenig naiv. Sie bedeutet im Grunde, daß Insektenmännchen aufs Geratewohl herumfliegen und ihre Geschlechtsorgane in jedes augenscheinlich passende Weibchen stecken, und wenn sein »Schlüssel« zu ihrem »Schloß« paßt, paaren sie sich. Das aber tun sie ganz sicher nicht. Insekten sind imstande, die Milliarden irrelevanten Individuen, das Hintergrundrauschen in Sachen Vermehrung, auszufiltern und sich nur mit Angehörigen der eigenen Art zu paaren.

Das heißt aber nicht, daß männliche Geschlechtsorgane bei der Partnererkennung keine Rolle spielen. Eher ist die artgebundene Verschiedenheit der männlichen Genitalien das letzte Glied einer Kette von Signalen und Gegensignalen, die zwischen den beiden Geschlechtern ausgetauscht werden, also eine Art innerer Balz.

PARTNERSUCHE

Insekten haben viele Wege gefunden, die Geschlechter zueinanderzubringen. Einige scheinen holprig und ziellos, während andere Methoden höchst raffiniert sind, mit genialen Finessen der Sinne arbeiten und eine Menge komplizierter Verhaltensweisen erfordern. Meist sind es die Männchen, die aktiv auf Partnersuche gehen.

Gerangel ums Weibchen

Auf den menschlichen Beobachter wirken diese Raufereien um die Weibchen reichlich grob und chaotisch; sie sehen aus wie ein Kuddelmudel zielloser Versuche, einen Partner zu ergattern. Solche Rangeleien lassen sich in England und Europa im Hochsommer an jeder beliebigen Gruppe Disteln oder Doldenblütler bestens beobachten. Hier krabbeln jede Menge Weichkäfer der Art *Rhagonycha fulva* auf den Blüten herum, darunter viele kopulierende Paare; die Weibchen laufen umher und fressen Pollenkörner, und die Männchen sitzen dabei Huckepack auf ihrem Rücken. Ständig rempeln sich die Männchen beiseite, um an die Weibchen heranzukommen. Offenbar gibt es hier weder Balz noch sonst irgendwelche Finessen, aber es ist gut möglich, daß zunächst Düfte die Geschlechter zusammenbringen.

Auch unter Eintagsfliegen rauft man sich um die Weibchen: Für sehr kurze Zeit wimmelt es von Eintagsfliegen beider Geschlechter. Fast unmittelbar nach der Paarung stirbt das Männchen und das Weibchen kehrt ans Wasser zurück, wo sein Körper mehr oder weniger explodiert und damit die Eier freisetzt.

Auch unter den Männchen der solitären Biene *Colletes cunicularius* ist der

Rechts: Viele Insekten suchen an Blüten nach Partnern. Hier haben sich mehrere kopulierende Paare des Weichkäfers Rhagonycha fulva *(England) auf einem Doldenblütler eingefunden.*

TURNIERE DER MÄNNCHEN

Wir wissen, daß Säugetiermännchen um geschlechtsreife Weibchen kämpfen: Im Herbst kann man in den Alpen die wilden Hetzjagden der Gamsböcke beobachten. Derartige Männer-Wettkämpfe kommen auch bei Insekten vor. Insektenmännchen, die Turnierkämpfen frönen, können Geweihe tragen wie Rothirsche(einige Fliegen), aber sie können auch Augenstiele (einige Fliegen), große Schnauzen (Rüsselkäfer der Kategorie Langrüssler) oder massiv entwickelte Kiefer (Hirschkäfer) haben.

Die Männchen der Stielaugenfliegen wetteifern um die Herrschaft über eine Ressource, die für eierlegende Weibchen von Interesse ist. Konkurrierende Männchen stehen Kopf an Kopf, Augenstiel an Augenstiel und können auf diese Weise genau die Größe des anderen beurteilen, weil die Kopfbreite eine Funktion der Gesamtkörpergröße und damit der Kampfstärke ist. Dank dieser Einschätzung kann sich der kleinere der beiden Kontrahenten zurückziehen und Verletzungen im Kampf vermeiden. Ähnlich können sich anfangs auch Käfer mit Hörnern oder massiven Kiefern taxieren.

Wenn zwei rivalisierende Käfer ungefähr gleich groß sind, folgt das Kräftemessen, exemplarisch zu beobachten an Hirschkäfern und großen, tropischen Käfern mit Hörnern: Die Männchen kämpfen um die Herrschaft über ein Territorium oder eine Ressource, in diesem Fall um einen Baumstamm, den Weibchen zur Eiablage aufsuchen. Mit ihren Kiefern oder Hörnern versuchen die Männchen, ihren Gegner im Ringkampf vom Stamm zu drängen.

Der Gewinner übernimmt die Vorherrschaft über den Stamm und kopuliert mit jedem Weibchen, das zum Eierlegen kommt. Und die Besucherin kann sich sicher sein, daß sie mit einem Männchen kopuliert, das seine Stärke und damit seine genetische Fitness bereits bewiesen hat, denn es hat in Kämpfen mit seinen Artgenossen gesiegt.

Links: *Wetten über den Kampfausgang der Nashornkäfermännchen werden abgeschlossen (Chiang Mai, Thailand). Die Männchen dieser Käfer kämpfen um die Vorherrschaft über wichtige Stämme. Stammbesitzer kommen leichter an Weibchen heran, um sich mit ihnen zu paaren.*

Oben: *Männliche Stielaugenfliegen der Gattung* Diopsis, *(Südafrika), sehen sich bei Auseinandersetzungen in die Augen: Männchen mit kürzeren Augenstielen müssen Männchen mit längeren Stielen weichen.*

Rechts: *Dieser männliche Hirschkäfer,* Lucanus cervus *(England), stellt seine gigantischen Kiefer zur Schau, die zum Fressen völlig nutzlos sind. Die Männchen dieser und anderer Hirschkäferarten benutzen ihre Kiefer vielmehr, um ihre Kräfte zu messen und Besitzer von Kopulationsterritorien auf einem Stamm zu werden.*

Wettbewerb um die Weibchen ein einziges Gerempel. Diese Art nistet in sandigen Heiden und in Dünen an der Küste. Die Männchen schlüpfen ein paar Tage vor den Weibchen und patrouillieren über den Nistplatz. Bald zieht es Gruppen von Männchen zu bestimmten Stellen an der Sandoberfläche, wo sie wie rasend anfangen zu graben und sich um eine gute Ausgangsposition zu drängeln. Sie wühlen nach jungfräulichen Weibchen, die sich ihren Weg an die Oberfläche bahnen. Dabei sondern die Weibchen einen schweren, süßen Duft ab, das sogenannte Linalool, und diesen Duft steuern die grabenden Männchen an.

Sobald ein Weibchen freigegraben ist, greift unter den Männchen große Aufregung um sich. Sie kämpfen um das Weibchen. Einer besteigt sie schließlich. Die Paarung dauert ungefähr acht bis zehn Minuten, und während der ersten Hälfte ist das kopulierende Paar für andere Männchen höchst interessant; oft versammeln sich Scharen von Männchen um die beiden. Manchmal bilden sie dabei einen faustgroßen Ball, der die Düne hinunterrollen kann. Die Halbzeit der Paarung ist durch eine Serie plötzlicher, lauter Summtöne gekennzeichnet, woraufhin die anderen Männchen die Szene sofort verlassen und nach anderen Weibchen oder kopulierenden Paaren suchen. Das Summen ist ein Signal dafür, daß die Spermaübertragung begonnen hat; und da sich das Weibchen nur einmal paart und es jetzt zwecklos ist zu versuchen, das kopulierende Männchen wegzudrängen, verschwinden die Konkurrenten. Bis zur Halbzeit allerdings besteht noch eine Chance, das kopulierende Männchen wegzuschubsen, und daher lohnt es sich bis zu diesem Punkt immer noch, zu kämpfen.

Die Weibchen vieler solitärer (nicht-sozialer) Wespen und Bienen paaren sich nur einmal. Das heißt, daß es die Männchen mit einer allmählich abnehmenden Ressource zu tun haben; das ist der Grund, weshalb die Konkurrenz unter den Männchen so extrem hoch ist.

Territorialität

Daß Säugetiermännchen, zum Beispiel Hunde- oder Hyänenrüden, Territorien verteidigen und mit Urin oder dem Sekret der Analdrüsen markieren, ist uns nicht neu. Aber auch viele Insektenmännchen sind territorial und können ihre Grenzen mit Düften oder Gesängen markieren.

Manche Insekten allerdings, zum Beispiel die Libellenmännchen, markieren ihr Territorium nicht mit Gerüchen. Statt dessen fliegen sie unentwegt Patrouille und verlassen sich auf ihre scharfen Augen, um Eindringlinge zu entdecken. Bei männlichen Großlibellen, zum Beispiel bei der Großen Königslibelle, *Anax imperator*, wird der Besitz eines Territoriums durch Kampf entschieden, und die Kämpfe können damit enden, daß ein Männchen die Exklusivrechte über einen kleinen Teich besitzt. An größeren Gewässern können mehrere Männchen aneinandergrenzende Territorien haben. Ein erfolgreicher Territoriumsbesitzer hat fast exklusive Paarungsrechte für jedes paarungsbereite Weibchen, das in sein

Ein werbendes Pärchen Raubfliegen, Cyrtopogon ruficornis *(Frankreich). Das Männchen rechts im Bild wippt eine Serie von Morsesignalen mit seinem erhobenen Abdomen, und das zeigt dem Weibchen, daß ihr Verehrer zur richtigen Art gehört.*

Revier kommt. Territorien können mit der Zeit den Besitzer wechseln, besonders dann, wenn ein alterndes, einsames Männchen eine Zeitlang alle Gegner abgewehrt hat.

Manchmal liegt im Territorium eines Männchens etwas, das für die Weibchen wertvoll ist. So grenzen die Männchen der solitären Biene *Anthidium manicatum* Territorien an Blumengruppen ab, die von den Weibchen wegen Pollen und Nektar aufgesucht werden. Die Männchen scheinen ihre Territorien nicht geruchlich zu markieren. Stattdessen bleiben sie rüttelnd (hubschrauberartig schwirrend) in unmittelbarer Nähe ihrer Territorien und stoßen auf jeden Eindringling und auf jedes blütenbesuchende Insekt nieder.

Die Abdomenspitze des *Anthidium*-Männchens ist mit einer Reihe scharfer Dornen bewehrt. Wenn das Männchen zum Beispiel mit einer Bienenarbeiterin kämpft, packt es die Biene mit den Beinen und rammt seine Dornen in sie hinein. Oft genug stirbt die Biene dabei; das Territorium eines aggressiven Männchens der Art *Anthidium manicatum* ist mitunter von Körpern toter und sterbender Bienen und Schmetterlinge übersät.

All diese Aggression hat einen einfachen Grund: Wenn das Männchen Insekten von der Blumengruppe fernhält, die sein Territorium ausmacht, kann es einer potentiellen Partnerin eine geschützte und ergiebige Futterquelle bieten, ein Schlaraffenland nicht nur für sie, sondern auch für ihren Nachwuchs, dessen Zellen sie mit Nektar und Honig versorgt. Die Weibchen dieser Art paaren sich – ungewöhnlich für solitäre Bienen – mehr als einmal und meistens mit dem Besitzer des Territoriums. Es ist gut möglich, daß Mehrfach-Paarungen der Preis sind, den das Weibchen für den Zugang zu einer geschützten Nahrungsquelle zu zahlen bereit ist.

Aber nicht alles funktioniert bei diesen Bienen so einfach. Die Männchen sind größer als die Weibchen, was nicht der Regel entspricht: Normalerweise sind die Weibchen solitärer Bienen das »starke Geschlecht«. Männchen von *Anthidium manicatum*, die ein Territorium besitzen, sind größer als Männchen ohne Territorium. Das heißt aber nicht, daß die kleineren Männchen nicht zum Zuge kommen: Die Gesichtszeichnung der kleineren Männchen sieht ungefähr so aus wie die der Weibchen; sie fliegen auch langsamer – wie Weibchen und ohne die reißenden Sturzflüge der Territoriumsbesitzer. Wenn nun ein kleines Männchen in ein Territorium eindringt, scheint ihn der Revierbesitzer als nicht-paarungsbereites Weibchen zu betrachten und ignoriert ihn weitgehend. Die List des kleineren Männchens, sich als Weibchen auszugeben, verhilft ihm zu gelegentlichen Paarungen. Diese Bienenart ist in Europa einschließlich England weit verbreitet und kommt teilweise auch im Osten der Vereinigten Staaten vor, wo sie zufällig eingeführt wurde.

An Hummelmännchen der Gattung *Bombus* läßt sich eine Variante des Territorialverhaltens beobachten, bei der keine Aggression im Spiel ist. Manchmal teilen sich mehrere Männchen einer Art eine geschlossene Flugroute, auf der mehrere Anflugspunkte liegen. Das können herausragende Büsche, ein alter Baumstumpf, eine Felsnase sein. Während das Männchen seine Bahn abfliegt, unterbricht es regelmäßig seinen Flug und deponiert Dufttröpfchen an einem der Aussichtspunkte oder auf einem Blatt. Der Duft wird von Drüsen am Kopf erzeugt, besteht aus einer Mischung süßriechender Öle und ist auch mit der menschlichen Nase leicht wahrzunehmen. Paarungswillige, noch unbegattete Weibchen, die diese Flugroute in der Nähe einer Duftmarkierung kreuzen, halten sich dort solange auf, bis ein anderes Männchen auf seiner Flugrunde des Weges kommt. Da alle Männchen ihre Runde in derselben Richtung abfliegen, begegnen sie sich selten.

Jede Hummelart produziert ihren eigenen charakteristischen Geruch – das Medium der Arterkennung. Im Spätsommer sind die Felder und Hecken Englands, Europas und Nordamerikas ein Netzwerk solcher sich überlappender Flugrunden, auf denen viele Arten patrouillieren, aber die Duft-Visitenkarten garantieren, daß Paarungen zwischen verschiedenen Arten nur sehr selten vorkommen.

Werbung

Insektenmännchen und auch manche Weibchen machen ihre Paarungs-bereitschaft auf vielerlei Weise publik. Welche Signale sie auch immer einsetzen, die Botschaft muß jedenfalls klar und unmißverständlich sein: Die Artzugehörigkeit des lockenden Insekts muß eindeutig zu erkennen sein.

Töne sind eine verbreitete Form der Kommunikation. Männliche Feld-heuschrecken, Laubheuschrecken, Schildwanzen, Zikaden, einige Nachtschmet-terlinge und Mücken erzeugen Töne, um die Aufmerksamkeit der Weibchen auf

Nächste Doppelseite: Ein werbendes Grillenpaar der Gattung Nisitrus (Borneo). *Das Männchen, links im Bild, zirpt, indem es spezialisierte Flächen am Flügelansatz aneinanderreibt; während er zu seiner Partnerin in spe vorsingt, benutzt er seine gehobenen Flügeldecken als Verstärker.*

sich zu lenken. Lautstärke und Schema der Tonrhythmen, die verwendete Wellenlänge, all das ist charakteristisch für die jeweilige Art.

Männliche Feldheuschrecken erzeugen ihre Gesänge durch Stridulation, indem sie eine Reihe winziger Zäpfchen an den Innenseiten der Hinterbeine gegen eine besonders harte Ader am Vorderflügel reiben. Der Abstand und die Größe der Zäpfchen tragen zur Unverwechselbarkeit des Artgesanges bei. Laubheuschrecken und Grillen zirpen, indem sie zwei spezialisierte Teile an der Flügelbasis aneinanderreiben. Viele Arten benutzen ihre gehobenen Flügel als Resonanzkörper und einige bauen eigene Schallkörper aus Schlamm, die den Gesang beträchtlich verstärken.

Die Gesänge einiger Zikadenmännchen sind das lauteste Geräusch, das Tiere überhaupt hervorbringen können. Sie haben an beiden Seiten des Abdomenansatzes das sogenannte Tymbal- oder Trommelorgan. Diese Trommelorgane bestehen aus einer nach außen gewölbten Kutikulaplatte, an der innen ein kräftiger Singmuskel ansetzt. Kontrahiert sich der Muskel, so wird die Platte mit lautem Klick nach innen gedellt, entspannt er sich, so springt sie in die Ausgangsstellung zurück. Das Trommelorgan kann in einer Frequenz von über 7 000 Hz schwingen, und die »Klicks« verschmelzen dabei zu einem ohrenbetäubenden Heulen, das bei einigen Arten eine Lautstärke von 112 Dezibel erreicht. Luftsäcke im Abdomen geraten mit den Trommelorganen in Schwingung und fungieren als Hochleistungsverstärker. Jede Art hat ihren charakteristischen Gesang.

Zikaden sind meisterhafte Bauchredner. Für ein Wirbeltierohr ist es unmöglich herauszufinden, wo ein rufendes Männchen sitzt. Obwohl also ein Zikadenmännchen seine Anwesenheit laut und deutlich verkündet, können Räuber seine genaue Position nicht ausfindig machen. Nur ein paarungswilliges Weibchen kann das Männchen orten.

Auch andere Insekten, wie zum Beispiel Grashüpfer, haben Trommelorgane, aber ihr Gesang wird in Form von Vibrationen über Blätter und Stengel grüner Pflanzen übertragen.

Wale, Delphine und Tümmler verständigen sich mit Gesängen, denn Wasser ist das ideale Medium, um niederfrequente Töne über große Distanzen zu leiten. Männliche Rückenschwimmer der Gattung *Notonecta* erzeugen Töne, indem sie rauhe Flächen an ihren Vorderbeinen aneinanderreiben. Sie können dabei eine Lautstärke von 40 Dezibel erzeugen, was unter Wasser 40 Meter weit zu hören ist. Ein paarungsbereites Weibchen antwortet ihrerseits mit Gesang, und das Männchen macht sich auf den Weg zu ihr. Wenn er mit ihr Kontakt aufnimmt, trägt er ein lautes Balzlied vor, woraufhin sich die Männchen in der Nähe oft zu eigenen Krawallgesängen und Raufereien stimuliert fühlen.

Unterdessen besteigt das erfolgreiche Männchen mit schrillem Ruf sein Weibchen. Oft sinken beide nun zum Grund des Teiches, wo sich das Weibchen

Rechts: Ein Zikadenmännchen, Henicopsaltria eydouxi *(Australien) singt auf einem Eucalyptusbaum, um eine Partnerin anzulocken. Zikadengesänge sind von allen Insektenrufen die lautesten und erreichen oft 112 Dezibel.*

am Boden festklammert. Die Kopulation ist nur erfolgreich, wenn sie nicht losläßt. Nach der Paarung ist sie für andere Männchen unattraktiv.

Es ist nicht ganz ungefährlich, einen Partner mit Gesang anzuwerben. Man geht nicht nur das Risiko ein, räuberische Vögel auf sich aufmerksam zu machen, die Folgen können noch übler sein. Eine parasitische Raupenfliege hat zum Beispiel die Fähigkeit entwickelt, den Gesang der nordamerikanischen Grille *Gryllus integer* zu erkennen und ihm zu folgen. Das Fliegenweibchen legt seine Eier auf die Grille, und die geschlüpften Larven bohren sich in den Grillenkörper und verspeisen das Körpergewebe. Aber das Grillenmännchen unterliegt einem so starken Drang, genetisch in die nächste Generation zu investieren, daß für ihn das Risiko, die parasitische Fliege anzulocken, ein akzeptabler Preis ist: Er hat statistisch eine gute Chance, zu dem Zeitpunkt, da sein Gesang die Fliege herbeigerufen hat, zumindest eine erfolgreiche Paarung hinter sich gebracht zu haben.

Bei vielen Insekten besteht das Anwerben eines Partners darin, einen attraktiven Geruch oder ein Sexualpheromon abzusondern. Pheromone sind Düfte, die das Verhalten eines anderen Tieres beeinflussen, und sie sind im Tierreich weitverbreitet, auch in unserer eigenen Art. Die Virtuosen in Sachen Pheromone aber sind Insekten, und keines unter ihnen beherrscht die Duftsprache so meisterhaft wie die Nachtschmetterlinge.

Bei Nachtschmetterlingen sind meistens die Weibchen das rufende Geschlecht. Seit den 50er Jahren haben Wissenschaftler die chemische Zusammensetzung der Sexualpheromone mehrerer hundert Nachtschmetterlingsarten bestimmt.

Viele Nachtfalter produzieren als Sexualpheromone sehr ähnliche Mischungen flüchtiger Verbindungen. Die in ihren chemischen Komponenten und in ihrem Mischungsverhältnis spezielle Mixtur, die eine Insektenart erzeugt, verleiht dem Pheromon seinen artspezifischen Charakter. Daher könnten die Weibchen mehrerer Arten ohne weiteres gleichzeitig vom selben Fleck aus locken, aber jedes würde einen unverwechselbaren Erkennungsduft abgeben, den nur die Männchen der »richtigen« Art wahrnehmen könnten.

Wie wir in Kapitel 2 gesehen haben, sind Nachtfaltermännchen mit ihren ultrasensiblen Antennen (siehe auch Zeichnung rechts) besonders gut ausgerüstet. Ein männliches Nachtpfauenauge der Art *Saturnia pavonia* kann ein lockendes Weibchen über eine Entfernung von elf Kilometern wahrnehmen. Das ist wirklich beeindruckend, wenn man bedenkt, wie stark sich der Duft über diese Entfernung verdünnen muß.

Das Sexualpheromon eines Insekts informiert nicht nur darüber, welcher Insektenart der Sender angehört, sondern auch darüber, wie die Qualität des Männchens im Vergleich zu Rivalen einzuschätzen ist. Die Tatsache, daß Pheromone meistens mehr oder weniger komplexe Mischungen sind, verbessert die Übertragungsmöglichkeiten für diese Art Information. Zwar sind

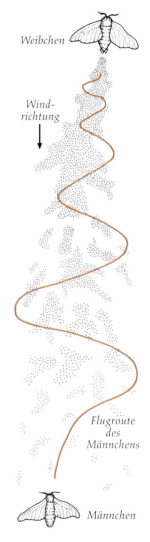

Unten: *Ein Nachtfalterweibchen sondert ein Geschlechtspheromon ab, und ein Männchen folgt in einem Zickzackkurs gegen den Wind dem Pheromon, bis es das Weibchen findet.*

Links: *Termitenweibchen der Gattung* Odontotermes *(Nepal) rufen Männchen, indem sie einen Sexualduft, ein Pheromon abgeben und den Duft durch Flügelflattern verteilen.*

Oben:
*Ein Nachtfaltermännchen,
Diposophecia scopigera
(England), zeigt seine
»Visitenkarte« vor – ein
Geschlechtspheromon, das
von Drüsen an der Spitze
seines Abdomens abgegeben
wird.*

Rechts: *Viele
Insektenmännchen sind
kleiner als ihre Weibchen;
auch bei diesem
kopulierenden Paar der
Großen Goldschrecke,
Chrysochraon dispar
(Deutschland), ist es so.*

Schmetterlinge bislang die bestuntersuchte Gruppe in puncto Duftkommunikation, aber Sexualpheromone sind unter Insekten generell weitverbreitet.

Selbsterzeugtes Licht ist ein anderer Senderkanal sexueller Kommunikation. In Nordamerika gibt es Käfer, die zwecks sexueller Kommunikation Lichtblitze erzeugen. Die Männchen dieser Glühwürmchen der Gattung *Photinus* funken rhythmische Lichtblitze, deren Frequenz und Dauer je nach Art verschieden ist; die Weibchen der jeweiligen Art antworten in ihrem eigenen typischen Rhythmus. So finden die Geschlechter zueinander und paaren sich.

Es ist wie bei den rufenden Männchen der Grille *Gryllus integer*: Auch mit dieser Werbemethode ist ein gewisses Risiko verbunden. Die Weibchen einer anderen Gruppe von Glühwürmchen der Gattung *Photuris* ahmen den Antwortrhythmus der *Photinus*-Weibchen nach, locken so *Photinus*-Männchen herbei und fressen sie. Jede dieser *femme fatale*-Arten kann die Antwortrhythmen von bis zu fünf *Photinus*-Arten imitieren.

Eine andere Methode, Partner anzulocken, besteht für Männchen darin, sich in großer Zahl zu einer ganz besonderen Vorführung, einer sogenannten Gruppenbalz zu versammeln. Von einigen Vögeln und Säugetieren ist das allgemein bekannt, aber immer mehr Fälle finden sich auch unter Insekten. Eine Gruppenbalz ist eine auffällige Ansammlung von Männchen, die an einem günstigen Punkt, zum Beispiel an einem markanten Busch oder auf einer Felsnase, eine Art Show vorführt. Meistens findet eine Gruppenbalz an einem Ort statt, wo es außer den vielen Männchen keine für die Weibchen interessanten Dinge gibt. Die Weibchen haben also freie Auswahl unter vielen rivalisierenden Männchen.

In England und Europa veranstalten die Männchen einer Furchenbienenart, *Lasioglossum calceatum*, ihre Gruppenbalz auf den abgestorbenen Blütenköpfen der Furchenblume. Dreißig bis 40 Männchen versammeln sich und laufen unentwegt mit hocherhobenen Antennen umher; dabei zittern ihre mattschillernden Flügel. Diese Darbietung lockt – möglicherweise in Verbindung mit einem Duft – die Weibchen an. Rüttelnd »stehen« sie rings um den toten Blütenkopf in der Luft. Hin und wieder stürzt sich eines von ihnen ins Gewühl der Männchen und sucht sich einen Partner.

Bei dem amerikanischen Nachtfalter *Estigmene acrea* ist die Gruppenbalz nur eine von zwei Paarungsstrategien. Die Weibchen dieser Falterart sondern ein Pheromon ab, und die Männchen fliegen gegen den Wind auf sie zu

und kopulieren ohne jede Werbung. Alternativ dazu versammeln sich die Männchen und veranstalten auf den Blättern eine Gruppenbalz. Dabei stülpen sie ihre Abdominal-Coremata aus – große, paarige, röhrenförmige und verzweigte Strukturen, die mit einer grünlichen Flüssigkeit gefüllt sind und als Duftorgane dienen. Fast immer setzen die Männchen nun ein Pheromon frei, woraufhin die Weibchen am Gruppenbalzplatz erscheinen, sich ein Männchen aussuchen und sich sofort mit ihm paaren; auch Männchen werden von der allmählich wachsenden Gruppenbalz-Versammlung angezogen.

PAARUNG UND SPERMAKONKURRENZ

Wenn sich zwei Insekten paaren, überträgt das Männchen Sperma in eine spezielle Samentasche des Weibchens, die Spermatheka. Wenn das Weibchen seine Eier ablegt, entläßt es jedesmal, sobald ein Ei den Zugang zur Spermatheka passiert, ein wenig Samenflüssigkeit und befruchtet so das Ei.

Für die Männchen von Arten, die sich mehr als einmal paaren, werfen diese anatomischen Tatsachen Probleme auf: Das Sperma, das vom Weibchen jeweils freigesetzt wird, stammt in der Regel von der letzten Paarung. Die sogenannte Spermienverdrängung funktioniert also generell nach dem Motto »Die letzten werden die ersten sein« – eine unangenehme Sache für das betroffene Männchen: Es hat vielleicht erhebliche Zeit und Energie investiert, um ein Weibchen zu finden und zu umwerben, und doch wird das Sperma eines Männchens nach ihm die Eier seiner Partnerin befruchten. Doch viele Insektenmännchen haben Methoden entwickelt, um ihre Vaterschaft abzusichern.

Am einfachsten ist es, die Partnerin zu bewachen: Ein Männchen bleibt noch solange nach der Paarung bei seiner Partnerin, bis sie die Eier abgelegt hat. Bei vielen Käfern und Wanzen ist das so üblich.

Links: *Ein kopulierendes Paar Blattkäfer,* Doryphora testudo *(Peru). Die Haftlappen an den Füßen des Männchen sind geweitet und helfen ihm, die Partnerin fest im Griff zu behalten.*

Libellenmännchen verfügen über ein paar sehr raffinierte Methoden, der Spermienverdrängung zu entgehen: Einige Libellen haben aufblähbare Läppchen an der Penisspitze. Während der Paarung, aber noch vor der Ejakulation schwellen die Läppchen an und pressen das Sperma aus vorausgegangenen Paarungen tiefer in die Spermatheka des Weibchens hinein. Damit erhöht sich die Chance, daß das Sperma des »Er-Pressers« das nächste Gelege befruchten wird – nicht das des Rivalen. Die Männchen einiger Libellen haben stark umgestaltete Penisspitzen, mit denen sie sogar das Sperma von früheren Paarungen aus der Spermatheka des Weibchens herauskratzen können.

Insektenmännchen kennen aber noch andere Tricks, um das Problem der Spermaverdrängung zu bewältigen: Sie machen das Weibchen für Nachfolger unattraktiv. So erzeugen die Männchen vieler Mückenarten in ihrer Samenflüssigkeit einen Duftstoff, das sogenannte Matron, mit dem ihre Partnerin für andere Männchen uninteressant wird. Und sie setzen noch einen drauf: Sie sondern außerdem einen geleeartigen »Paarungspfropf« ab, mit dem sie die Geschlechtsöffnung des Weibchens blockieren, so daß sie sich erst dann wieder paaren kann, wenn sie die Blockade durch Ablage der Eier beseitigt hat – Eier, die vom Sperma des Pfropferzeugers befruchtet werden. Die Insekten sind uns auch da voraus: Sie haben den Keuschheitsgürtel erfunden.

Die Männchen einiger Schmetterlingsarten hinterlassen einen antiaphrodisiakisch wirkenden Geruch auf ihren Partnerinnen und verwenden so einen chemischen Keuschheitsgürtel.

Spermaverdrängung mag für viele Insektenmännchen ein Problem sein; die Männchen einer Gruppe von Wanzenarten aber haben das Problem zu einem Vorteil für sich umgekehrt. Männchen der Gattung *Xylocoris* versuchen, sich mit jedem Weibchen zu paaren, das ihnen über den Weg läuft. Außerdem steigern sie

Links: *Ein Bockkäferweibchen,* Sternotomis variabilis *(Kenia), legt seine Eier ins Holz, während ihr Partner sie bewacht. Er schützt damit seine genetische Investition in den Eiern, die sie legt; außerdem hindert er andere Männchen daran, sich mit ihr zu paaren und verhindert auf diese Weise Spermakonkurrenz.*

RÄDER UND TANDEMS

Für Libellenmännchen ist die Fortpflanzung eine komplizierte Angelegenheit: Die Hoden münden an der üblichen Stelle, an der Spitze des Abdomens, und sind wirklich nicht mehr als eine einfache Öffnung für die Abgabe von Sperma. Das Begattungsorgan aber sitzt am Ansatz des Abdomens, an der Unterseite des zweiten und dritten Hinterleibsegments.
Vor der Paarung füllt das Männchen das Begattungsorgan

Links: *Ein Pärchen Blutroter Heidelibellen,* Sympetrum sanguineum *im Tandemflug vor der Paarung; das Männchen hat das Weibchen hinter dem Kopf gefaßt.*

Unten: *Das Paar bildet jetzt für die Paarung das Kopulationsrad. Später werden sie im Tandem fliegen, während das Weibchen seine Eier legt.*

mit Sperma aus der Abdomensspitze, indem es den Hinterleib in einem Akt akrobatischer Gelenkigkeit nach vorne biegt. Bei Libellenmännchen sind Hoden und Kopulationsorgan »entkoppelt« und das Abdomen gelenkig weil sie bei der Paarung die Abdomensspitze, oder vielmehr: die Zangen an der Abdomensspitze frei haben müssen, um das Weibchen festhalten zu können.

Wenn das Männchen ein paarungsbereites Weibchen gefunden hat, packt es sie mit Zangen, die am Abdomenende sitzen, hinter dem Kopf. Anschließend fliegen die beiden in dieser Tandemposition gemeinsam eine Weile umher. Schließlich landen sie auf einer Pflanze oder einem Ast und bilden das sogenannte Kopulationsrad. Dabei biegt das Weibchen, immer noch im Griff der männlichen Zangen, ihr Abdomen nach vorne, so daß es mit seinen Genitalien das Begattungsorgan des Männchens erreicht und das Sperma übertragen werden kann. Das kann zehn bis 15 Minuten dauern. Nach dem Kopulationsrad fliegt das Paar wieder in Tandemhaltung davon. Bei vielen Arten hilft das Männchen dem eierlegenden Weibchen, indem es mit ihr in Tandemhaltung rüttelt, während sie ihre Eier ins Wasser fallen läßt. Auch Kleinlibellen-Männchen stehen ihren Partnerinnen rüttelnd bei, wenn sie Eier ins Gewebe von Wasserpflanzen legen. Kleinlibellen-Weibchen haben einen säbelartigen Legeapparat, mit dem sie in die Pflanze, die das Ei aufnehmen soll, einen Einschnitt machen. Am Penis der Kleinlibellen-Männchen sitzt ein löffelförmiges Gebilde, womit sie Sperma, das von anderen Männchen bei vorausgegangenen Paarungen hinterlassen wurde, herausschaufeln können. So kann ein Männchen dafür sorgen, daß *sein* Sperma das nächste Gelege befruchtet, nicht das eines Rivalen.

Eierlegen mit Beistand des Männchens: Ein Pärchen Hufeisen-Azurjungfern, Coenagrion puella *(England), im Tandemflug; das Männchen hält das Weibchen fest, während sie ihre Eier in Wasserpflanzen legt.*

durch homosexuelle Vergewaltigung ihre Chancen der Vaterschaft: Ein Männchen stürzt sich auf ein anderes Männchen, paart sich mit ihm und ejakuliert Sperma in den Vermehrungstrakt seines Rivalen. Nach dem Prinzip »Die letzten werden die ersten sein« wird das Vergewaltigungsopfer bei der nächsten Paarung nicht sein eigenes, sondern das Sperma des Vergewaltigers im Weibchen hinterlassen; der Vergewaltiger hat also per Stellvertreter kopuliert.

ELTERLICHE FÜRSORGE

Nach all den Mühen und der Energie, die Insekten aufbringen, um einen Partner zu finden, kann es geschehen, daß der Nachwuchs, besonders die heranwachsenden Nymphen oder Larven, Räubern, Parasiten oder einem Wetterumschwung zum Opfer fallen. Viele Insekten schützen deshalb ihre gene-tische Investition durch eine Form elterlicher Fürsorge. Damit verbessern sie die Chance, daß wenigstens ein paar ihrer Sprößlinge lange genug überleben, um selbst wieder Eltern zu werden. So sieht die Tyrannei der Gene aus.

Die einfachste Art der Brutfürsorge sieht so aus, daß Weibchen ihre Eier in oder auf Larvennahrung legen. Das ist zum Beispiel

Brutpflege ist fast immer auf weibliche Insekten beschränkt, aber die Männchen der Raubwanze Rhinocoris tristis *(Kenia) sind eine Ausnahme. Dieses hier bewacht das Gelege seiner Partnerin und jagt die winzigen parasitischen Wespen fort, die ihre Eier in seine Brut legen wollen.*

MÜTTERLICHKEIT BEI EINEM PILZKÄFER

Der tropische Pilzkäfer *Pselaphicus giganteus* lebt in mittelamerikanischen Wäldern und auf einigen karibischen Inseln. Anders als die meisten Käfer zeigen die Weibchen dieser Art eine einfache Form von Sozialverhalten: Eine Mutter bleibt bei ihren Jungen, um für ihre Sicherheit und ihr Wohlergehen zu sorgen. Ein *Pselaphicus giganteus*-Weibchen legt seine Eier auf einen umgefallenen Stamm, bleibt bei dem Gelege und schützt es vor Gefahren. Sie selbst trägt Warnfarben und zeigt damit, daß sie giftig ist oder wenigstens schlecht schmeckt.
Wenn die Larven schlüpfen, führt sie sie zu ihrer ersten Pilzmahlzeit. Offenbar ernähren sich die Larven nur von einer einzigen Pilzart, von *Polyporus tenuiculus*. Wenn sie sich mit den Pilzen vollgeschlagen haben, führt das Weibchen die Larven zu einer anderen Stelle. Dabei zieht es die Spitze ihres Abdomens mit schnellen seitlichen Wischbewegungen über die Oberfläche des Stammes. Vermutlich legt sie eine Duftspur, damit die Larven ihr folgen können. Das Käferweibchen ist eine höchst aufmerksame Mutter; unentwegt macht es sich an seiner Larvenschar zu schaffen, berührt die Jungen mit seinen Antennen und rennt umher, um Nachzügler zusammenzutreiben. Das Larvenstadium dauert nur vier Tage, dann kommt die Verpuppung. Die ganze Zeit über ist die Mutter im Dienst.
Mütterliche Fürsorge bei diesem Käfer kann sich als Folge der extrem spezialisierten Larvennnahrung entwickelt haben. Der Pilz hat nur eine sehr kurze Lebensdauer von drei bis vier Tagen; außerdem ist er lückenhaft verteilt. Ein Weibchen der *Pselaphicus giganteus* maximiert also die Überlebensaussichten seines Nachwuchses und damit die Rendite seiner genetischen Investition, wenn es bei seinen Larven bleibt, sie zur Futterquelle führt und bewacht.

bei Schmetterlingen, Käfern und vielen Fliegen der Fall. Aktivere Brutpflege besteht darin, daß die Mutter beim Gelege bleibt, bis die Larven geschlüpft sind und für sich selbst sorgen können. Die Landwanze *Elasmucha grisea* zum Beispiel bleibt bei ihren Eiern auf einem Birkenblatt sitzen, bis die Jungen schlüpfen. Sie schützt sie gegen räuberische Insekten und gegen die winzigen Wespen der Gattung *Trichogramma*, die ihre Eier in die Eier anderer Insekten legen. Diese Art der Brutpflege findet sich auch bei einigen Schildwanzen und bei einem Blattkäfer der Gattung *Omaspides* aus Peru. Eine afrikanische Gottesanbeterin, *Tarachodula pantherina*, thront auf ihrem Eikokon, bis die Nymphen ausgeschlüpft sind.

Das Eierbewachen ist meistens eine Angelegenheit der Weibchen, obwohl man Brutpflege von etlichen Insekten kennt. Die Weibchen der Riesenasserwanzen aber legen ihre Eier auf den Rücken ihrer Partner, und die Männchen tragen sie bis zum Schlüpfen herum. Eierbewachung mit mehr Einsatz sieht man bei den Männchen einer afrikanischen Raubwanzenart, *Rhinocoris tristis:* Sie bleiben bei ihrem Gelege und verjagen sämtliche Wespen, die versuchen, sie zu parasitieren.

Links: *Ein Pilzkäferweibchen,* Pselaphicus giganteus *(Trinidad), treibt seine Schar winziger Larven zusammen, um sie zu einem neuen Pilz zum Fressen zu führen.*

Oben: *Eine weibliche Landwanze,* Elasmucha grisea *(England), bewacht ihre Nymphen, während sie fressen, und schützt sie vor räuberischen Insekten. Schon das Eistadium hat sie erfolgreich gegen eiparasitierende Wespen verteidigt.*

7

LEBEN IN DER GEMEINSCHAFT

Das soziale Leben der Insekten

Massenhaft quellen die Arbeiterinnen der sozialen Wespe Protopolybia acutiscutis *(Costa Rica) aus ihrem Papiernest heraus und auf die angrenzenden Blätter.*

178 · LEBEN IN DER GEMEINSCHAFT

Bei den Insekten können sich, wie auch bei uns Menschen, komplexe Gemeinschaften entwickeln. Es gibt eine umfangreiche Arbeiterschaft mit Spezialisten, und die Arbeitsteilung hängt von der Kooperation zwischen den Individuen ab.

Zum Glück für uns ist die Gemeinsamkeit damit zu Ende. Die Prinzipien der Insektengesellschaften unterscheiden sich erheblich von den unseren: In der Regel haben in ihr nur ein oder wenige Individuen die Möglichkeit sich fortzupflanzen: die Königinnen. Sie werden gefüttert, und ihre Nachkommen werden von Arbeiterinnen aufgezogen, die sich selbst niemals fortpflanzen und oft genug ihr Leben bei der Verteidigung der Königin und der Kolonie opfern. Eine Insektengemeinschaft ist also straff organisiert; für Individualität bleibt kein Platz, und sie wird oft mit einem Superorganismus verglichen.

DIE SPIELARTEN SOZIALEN VERHALTENS

Nicht alle Arten sozialer Interaktionen zwischen Insekten sind so komplex und hochorganisiert. Es gibt viele Abstufungen des Sozialverhaltens; die einfachste Variante gründet auf einer Beziehung zwischen Mutter und Nachwuchs, die über das bei Insekten Übliche hinausgeht, nämlich Eier an einem geeigneten Platz abzulegen und sich davonzumachen.

Subsoziales Verhalten

Wir haben in Kapitel 6 gesehen, daß einige Insekten ihren eigenen Fortpflanzungserfolg steigern, indem sie ihre Jungen während der empfindlichen frühen Entwicklungsphase beschützen. Das ist die subsoziale Stufe der Sozialentwicklung, und man weiß jetzt, daß diese Form des Soziallebens bei mindestens 17 Käferfamilien vorkommt – Familien, die fast alle an ergiebige, aber zerstreute und kurzlebige Nahrungsquellen wie Totholz, Pilze, Dung und Aas gebunden sind.

Bei einigen Käfern ist die Sozialentwicklung etwas weiter fortgeschritten als bei den Arten, die wir in Kapitel 6 erwähnt haben. Die Weibchen eines winzigen Kurzflüglerkäfers aus Japan, *Oxyporus japonicus*, graben Nestkammern in die jungen Stengel von Schirmpilzen. Dort legen sie ihre Eier hinein und bleiben dann bei ihnen, bis die Larven wohlbehalten geschlüpft sind. Sie beschützen ihren Nachwuchs vor weiblichen Eindringlingen derselben Art und vor anderen räuberischen Käfern. Wenn man im Experiment die Mütter entfernt, werden die Eier prompt von anderen Weibchen gefressen, manchmal innerhalb von fünf Minuten, nachdem die Mutter herausgenommen wurde.

Totengräber sind gute Eltern. Larven und Erwachsene der Gattung *Necrophorus* leben von Aas. Die Erwachsenen können einen verwesenden Kadaver noch aus einiger Entfernung wahrnehmen.

LEBEN IN DER GEMEINSCHAFT · 179

Ein *Necrophorus* verteidigt normalerweise seinen Kadaver gegen Artgenossen desselben Geschlechts, ein Pärchen allein aber kooperiert beim Beerdigen des Kadavers. Bei einigen Arten arbeiten bisweilen vier oder fünf Weibchen zusammen und können zum Beispiel eine tote Maus schneller begraben als ein allein arbeitender Käfer. In so einer Situation hat ein Weibchen das Sagen und legt seine Eier auf die versenkte Maus.

Das Totengräberweibchen füttert seine Larven, indem es eine Nährflüssigkeit aus vorverdauter Maus hochwürgt und sie der Reihe nach direkt an ihre Larven weitergibt. Sie »ruft zu Tisch«, indem sie mit ihrem Abdomen gegen ihre Flügeldecken kratzt.

Totengräber können Kadaver auch dann noch entdecken, wenn sie schon beerdigt sind. Finden sie dort kleine Larven, so töten sie diese und legen anschließend selbst Eier. Für die Eltern lohnt es sich also, bei ihren Junglarven zu bleiben und sie zu beschützen, und genau das tun einige Totengräberarten. Aber zwischen Eltern und Sprößlingen geht es nicht immer so friedlich zu. Die Käfer kontrollieren ständig, wieviel Nahrung noch übrig ist, und wenn die Reserven

Ein Weibchen der subsozialen Schabe Aptera cingulata *(Südafrika) mit zehn Nmphen. Die Weibchen dieser ungewöhnlichen Art gebären lebende Junge und bleiben bei ihrem Nachwuchs, bis er für sich selbst sorgen kann.*

nicht ausreichen, um alle Larven am Leben zu erhalten, töten sie das Zuviel an Nachwuchs. Dieser Kindesmord sorgt dafür, daß wenigstens ein paar der Überlebenden heranwachsen und sich selbst fortpflanzen.

Brutpflege der subsozialen Art ist auch bei einigen Schaben gut ausgeprägt. Die australische Nashornschabe, *Macropanesthia rhinoceros*, die größte Schabenart der Welt, richtet für ihren Nachwuchs eine tiefe Grube ein. Hier bleiben die Jungen bis zu sechs Monate lang und ernähren sich von dem, was ihnen ihre Mutter von ihren nächtlichen Streifzügen mitbringt.

Längerfristige Sozialkontakte pflegen die Waldschaben, *Cryptocerus punctulatus*. Sie kommen in den feuchten Wäldern der Appalachen im östlichen Nordamerika und in Teilen der westlichen Vereinigten Staaten vor und leben dort in verrottendem Holz. Jede Kolonie besteht aus zwei langlebigen, verpaarten Elterntieren und 15 bis 20 Nymphen. Die Kolonien hausen in Hohlräumen, die sie ins Totholz graben, und Totholz ist auch das wenig nahrhafte und fast unverdauliche Futter dieser Insekten.

Die Schaben können das Holz nicht selbst verdauen und sind deshalb von symbiontischen Einzellern abhängig, die in ihrem Hinterdarm leben. Zur

Eine Termitenkönigin der Gattung Macrotermes *(Afrika), von ihrem Hofstaat von Arbeitern umsorgt. Als grotesk angeschwollene, hilflose Eierlegemaschine ist sie völlig darauf angewiesen, daß die Arbeiter sie mit Nahrung versorgen und pflegen.*

Brutpflege gehört nicht nur der Schutz der Brut, sondern auch die Instandhaltung der Nesttunnel. Die Nymphen ernähren sich von Flüssigkeiten aus dem Hinterdarm ihrer Eltern und bekommen auf diese Weise ihre eigenen Einzeller-»Untermieter«. Der Hinterdarm wird zwar mit jeder Häutung ebenfalls gehäutet, aber die Nymphen fressen ihre abgeworfene Haut und können sich so die Einzeller wieder einverleiben.

Darmsymbionten für die Zelluloseverdauung kombiniert mit Brutpflege – das erinnert an das Leben der Termiten. Bis vor kurzem glaubte man deshalb, *Cryptocerus punctulatus* sei ein naher Verwandter der Termitenahnen, aber heute vertritt man den Standpunkt, daß nur eine entfernte Verwandtschaft besteht. Dennoch stammen Termiten eindeutig von irgend welchen Schaben ab; man hat sie auch schon »soziale Schaben« genannt.

Sämtliche Termiten sind hochsozial, Ameisen desgleichen. Das heißt, die Spielarten sozialen Verhaltens, die im evolutionären Sinn die Brücke zwischen den einzeln lebenden Insekten und den hochsozialen Ameisen, Termiten und Honigbienen schlagen, sind hier nicht zu finden. Nach diesen Zwischenstufen müssen wir bei den Bienen suchen, wo sich Sozialität mindestens achtmal unabhängig voneinander entwickelt hat.

SOZIALE BIENEN

Manche Bienen scheinen sogar noch unterhalb der subsozialen Stufe des Soziallebens zu liegen. Die wirklich solitären, also einzeln lebenden Arten haben nie irgend welchen Kontakt mit ihrem Nachwuchs, nichtsdestoweniger aber sorgen sie dafür, daß ihre Brut ein Nest und die Nahrung hat, die sie braucht (siehe Seiten 182-183). Außer diesem Grad der Brutfürsorge *in absentia* gibt es fünf Abstufungen des Sozialverhalten: kommunale, quasisoziale, semisoziale, subsoziale und eusoziale Bienen. Die ersten drei Kategorien bestehen aus Weibchen derselben Generation, während sich in den letzten beiden die Generationen auch überlappen.

Kommunale Bienen

Eine kommunale Gemeinschaft besteht aus mehreren Weibchen, die sich einen Nesteingang teilen. Innerhalb des Nests aber hat jedes Weibchen seine eigene Zellgruppe, meistens in einem Seitenarm des Haupttunnels. Das Ganze erinnert ein wenig an ein Apartmenthaus.

Zwischen den Tieren gibt es keine Kooperation. Abgesehen vom gemeinsamen Nistbereich benehmen sich alle Weibchen wie solitäre Bienen und bauen und versorgen jeweils nur eine Zelle zur Zeit. Ein wichtiges Merkmal, an dem sich kommunale Nester erkennen lassen, ist also, daß die Anzahl unvollständiger Zellen der Anzahl der Weibchen entspricht.

EINSAMER START INS LEBEN

Die überwältigende Mehrheit der Wespen und Bienen ist solitär. Das heißt, jedes Nest ist das Werk eines einzigen, allein arbeitenden Weibchens: Eine Kaste kooperierender, steriler Weibchen (Arbeiterinnen) gibt es nicht. Soziale Wespen und Bienen sind eine Minderheit und haben sich aus solitären Arten entwickelt.

Die typische solitäre Wespe oder Biene hat einen einjährigen Lebenszyklus. Männchen und Weibchen, der Nachwuchs der vorausgehenden Saison, schlüpfen aus ihren Geburtszellen und verpaaren sich. Die Weibchen der meisten Arten kopulieren nur einmal und bauen dann ein Nest.

Das Nest ist ein geschützter Ort, an dem die Wespen- oder Bienenmutter eine Reihe von Zellen baut oder gräbt. In jede Zelle lagert sie Futter ein. Bei Wespen sind das ein bis zwanzig erbeutete Insekten, die sie mit dem Gift aus ihrem Stachel lähmen. Bienenweibchen dagegen stapeln in ihre Zellen eine Mischung aus Nektar und Pollen, die je nach Art flüssig oder auch cremig sein kann; manche Bienen sammeln auch Pflanzenöle.

Groß ist die Vielfalt in der Nestarchitektur. Sehr viele Arten graben Nester in den Boden, besonders in leichte, sandige Böden, andere wieder ziehen es vor, in Lehm zu nisten. Ein typisches Bodennest besteht aus einem Tunnel mit einer oder mehreren Zellen am Ende der Seitenarme.

Die meisten Bienenarten tapezieren ihre Nestzellen mit einem wasserdichten, pilzresistenten Sekret aus einer großen Drüse im Abdomen. Eine Familie der Bienen, zu der die Mauerbienen der Gattungen *Osmia*, *Hoplitis* und *Chalicodoma* gehören, stellen ihre Zellauskleidung nicht selbst her; sie sammeln vielmehr Baumaterial außerhalb des Nestes. Viele Mauerbienen benutzen Schlamm oder kneten Mörtel aus zerkauten Blättern; andere wieder holen Harz von klebrigen Blattknospen oder Pflanzenwunden. Blattschneiderbienen der Gattung *Megachile* schneiden mit ihren besonderen scherenartigen Kiefern Blattstückchen heraus und kleiden damit ihre Zellen aus.

Mauerbienen und Blattschneiderbienen nisten je nach Art in »gebrauchsfertigen« Höhlen wie den Bohrgängen von Käfern im Totholz, in Schneckenhäusern oder in Gesteinsspalten; andere bauen exponierte Nester an Felsen oder Baumstämmen. Und ein paar nisten im Boden.

Wenn das Wespen- oder Bienenweibchen seine Zelle mit Proviant versorgt hat, legt es ein einziges Ei entweder auf den Futtervorrat oder seitlich an die Zellwand und versiegelt dann die Zelle mit einem Erdpfropfen oder dem Baumaterial, das für die Art typisch ist. Wenn sie eine Reihe solcher Zellen fertiggestellt hat, kann sie mit einem neuen Nest beginnen.

Die Weibchen solitärer Wespen und Bienen leben nie lange genug, um ihren Nachwuchs zu Gesicht zu bekommen. Ihre Larven leben vom Futtervorrat, verpuppen sich dann und schlüpfen in der folgenden Saison, um den Zyklus von vorne zu beginnen. Soziale Wespen und Bienen dagegen deponieren keine Vorräte, sondern füttern ihre Larven

Links: *Dieses Weibchen der solitären Sandwespe* Ammophila aberti *(Utah) hat ihr Nest im Boden mit Futter für ihren Nachwuchs versehen; jetzt drückt sie mit einem Erdkügelchen den Nestverschluß aus Erde fest.*

Rechts: *Eine solitäre Wespe,* Delta dimidiatipenne *(Israel), trägt Schlamm zu einer Zelle. In jede legt sie ein einziges Ei, nachdem sie zuvor gelähmte Raupen darin deponiert hat.*

regelmäßig während ihrer Entwicklung.
Einige Arten solitärer Wegwespen, zum Beispiel die fliegenjagende *Bembix texana* aus Nordamerika, füttern ebenfalls fortlaufend. Eine andere nordamerikanische Wespe gestaltet ihr Leben noch ein wenig komplizierter: Weibchen der raupenfangenden Wespe *Ammophila azteca* füttern nicht nur fortlaufend, sie unterhalten außerdem noch mehrere verschiedene Nester gleichzeitig, deren Insassen alle in verschiedenen Entwicklungstadien sind. Das setzt nicht nur ein ausgezeichnetes Gedächtnis voraus, sondern auch die Fähigkeit, sich bei jedem Nest auf eine andere Tätigkeit umzustellen, um den jeweiligen Erfordernissen gerecht zu werden. Man kann nur staunen, welche Fülle an Informationen diese Wespe verarbeiten kann – mit einem Gehirn, das nicht viel größer ist als ein Stecknadelkopf.

Solitäre Wespen und Bienen gehen einen Schritt weiter als die Insekteneltern, die im letzten Kapitel vorgestellt wurden: Sie bauen ihrem Nachwuchs nicht nur einen sicheres Nest, sie sorgen auch für die gesamte Nahrung. Damit steigern sie die Überlebenschancen ihres Nachwuchses und erhöhen die Wahrscheinlichkeit, daß ihre Jungen sich selbst einmal vermehren werden.

Kuckucke

Viele Arten solitärer Wespen und Bienen haben es aufgegeben, für ihren Nachwuchs Nester zu bauen und sie mit Proviant zu versorgen: Wie der Kuckuck unter den Vögeln, so sind auch sie zu Brutparasiten geworden. Weibliche Kuckucksbienen haben die Spezialhaare zum Pollentransport an den Hinterbeinen oder an der Unterseite des Abdomens verloren. Jede Kuckucksart hat sich auf eine Wirtsart oder eine Gruppe eng verwandter Arten eingestellt.

Da Kuckucke von den Energiekosten für Nestbau und Proviantvorsorge befreit sind, können die Weibchen es sich leisten, der Eiererzeugung mehr Energie zu widmen: Ihre Eierstöcke enthalten mindestens doppelt so viele Eier wie die ihrer Wirte. Und Arten der Gattung *Coelioxys* – die Kuckucke der Blattschneiderbienengattung *Megachile* – haben ein besonderes klingenartiges Gebilde an der Abdomenspitze, mit dem sie einen Einschnitt in die Blattapete der Wirtszelle machen und ihre Eier hinein legen.

Die vielleicht eleganteste Anpassung an das Leben als Kuckuck findet sich bei den Männchen der Gattung *Nomada*, die sich hauptsächlich in den Nestern bodennistender Bienen der Gattung *Andrena* entwickeln. Die Männchen schlüpfen vor den Weibchen und suchen nach Nestern des Wirts: Zwischen ihren Blütenbesuchen lungern sie dort in der Nähe der Eingänge herum. Die Männchen produzieren einen Duft, der dem Geruch der Wirtsweibchen sehr ähnelt. Damit locken sie ihre eigenen Weibchen herbei, weil die stets die Düfte des Wirts anpeilen. Die *Nomada*-Männchen locken also nicht nur potentielle Partnerinnen an, indem sie ihren eigenen Beitrag zum Gesamtduft des Wirtsnestes leisten, sie erleichtern es den Weibchen auch, Wirte zu finden.

Rechts:: Auch viele Mauerbienen bauen exponierte Schlammnester. Hier versiegelt ein Weibchen von Chalicodoma siculum *die Zelle mit einer abschließenden Schlammschicht. Sie hat diese Zellen mit einer Mixtur aus Pollen und Nektar versorgt und je ein einzelnes Ei auf die Mischung gelegt.*

Quasisoziale Bienen

Der Unterschied zwischen quasisozialen und kommunalen Bienen ist, daß bei ersteren stets mehr Weibchen als offene, unvollständige Zellen vorhanden sind. Daraus läßt sich schließen, daß die Tiere kooperieren, und daß die stereotypen Verhaltensabfolgen, wie sie für solitäre Bienen typisch sind, flexibel geworden sind. Während also ein solitäres Bienenweibchen die üblichen Aufgaben wie Zellenbau, Nahrungssuche, Eiablage und Schließen der Zellen in derselben Abfolge erledigt, wobei die Fertigstellung einer Aufgabe der Stimulus für die nächste ist, macht sich eine quasisoziale Biene dann an eine bestimmte Arbeit, wenn sie zufällig eine Zelle sieht, an der diese Arbeit eben getan werden muß. Mit anderen Worten, die Bedürfnisse dieser einen bestimmten Zelle animieren das Weibchen zu der »richtigen« Reaktion.

Pro Zelle wird nur ein Ei gelegt – doch von wem soll das Ei kommen? Einem Weibchen macht es nichts aus, wenn es an einer Zelle arbeitet, aber kein Ei hineinlegt. Wenn es dann schließlich eine vollständig ausgestattete Zelle findet und ein Ei hineinlegt, kann sie »sicher« sein, daß sie nicht all die Arbeit für die Fertigstellung *dieser* Zelle getan hat. Dieser Fall von »eine Hand wäscht die andere« wird »reziproker Altruismus« genannt.

Quasisozial zu sein, hat vielleicht den Vorteil, daß das ständige Kommen und Gehen am Nesteingang mögliche Nestparasiten abschreckt.

Semisoziale Bienen

Semisoziale Gemeinschaften unterscheiden sich von den anderen Kategorien darin, daß nicht alle Tiere einer Kolonie verpaart sind und vollständig entwickelte Eierstöcke haben. Es gibt eine Arbeiterkaste, aber sie ist offen. Anscheinend kann ein Tier eine Zeitlang die Rolle eines Arbeiters spielen und sich dann aber doch verpaaren und ein paar Eier legen.

Subsoziale Bienen

Bei subsozialen Bienen sind wir auf vertrauterem Terrain: Sie erinnern an die subsozialen Käfer und Schaben, von denen wir oben berichtet haben. Der bedeutende evolutionäre Vorteil besteht hier darin, daß mindestens zwei verschiedene Generationen miteinander in Verbindung stehen; ein Weibchen gründet ein Nest, zieht Junge auf und lebt lange genug, um sich mit ihnen zusammenzuschließen, wenn sie erwachsen sind. Einige bleiben im Nest und helfen ihr bei der Aufzucht weiterer Jungen, andere Weibchen ziehen weg und gründen eigene Nester. Diese Art von Organisation findet man bei manchen der riesigen tropischen Holzbienen der Gattung *Xylocopa* und bei den Keulhornbienen der Gattungen *Ceratina*, *Allodape* und verwandter Gattungen. Die sich überschneidenden Generationen dieser subsozialen Bienen führen uns zu den komplexeren Gemeinschaften der eusozialen Bienen.

Eusoziale Bienen

Ein Nest des eusozialen Grundtyps wird von einem einzelnen eierlegenden Weibchen gegründet. Auf dieser Stufe des Sozialverhaltens stehen die Furchenbienen der Gattungen *Halictus* und *Lasioglossum*, einige Bienen der Gattung *Eulaema* und die besser bekannten Hummeln der Gattung *Bombus*.

Im Frühjahr kommt die Königin aus der Winterruhe und produziert zwei oder mehr Generationen von Weibchen, die sich wie Arbeiterinnen benehmen und sich mit der Nesterweiterung, der Nahrungssuche, der Brutpflege und der Bewachung des Nestes beschäftigen. Die Königin dominiert ihre Töchter durch Aggression, und das hält deren Eierstöcke in einem unentwickelten Zustand. Gegen Ende der Saison kann die Kolonie so volkreich werden, daß die Aggression der Königin keinen hundertprozentigen Erfolg mehr hat und einige Arbeiterinnen anfangen, Eier zu legen. Da sie nicht befruchtet sind, produzieren sie Männchen. Möglicherweise entstehen die meisten Männchen der Furchenbienen und Hummeln auf diese Weise.

Schließlich schlüpft eine Generation von Männchen und Weibchen, die ihr Nest verlassen und sich paaren. Die Männchen sterben bald, aber die frisch verpaarten Weibchen, die Königinnen der nächsten Saison, verbringen einige Zeit damit, sich Fettreserven für die Winterruhe anzufressen.

Weil die eusozialen Kolonien des Grundtypus von einzelnen Weibchen gegründet werden, durchlaufen sie eine solitäre und danach eine subsoziale Phase, bevor sie ihre finale, eusoziale Organisationstufe erreichen. Am besten nennt man sie die zeitweilig eusozialen Bienen, um sie gegen die dauerhaft

Eine Erdhummel-Arbeiterin, Bombus terrestris *(England) trinkt Nektar aus einer Malvenblüte,* Malva silvestris.

eusozialen und mehrjährigen Kolonien der stachellosen Bienen der Tropen, Gattungen *Melipona* und *Trigona,* und gegen die sieben Arten der Honigbiene, Gattung *Apis* abzugrenzen.

Der Lebenszyklus der Hummeln entspricht dem der sozialen Wespen und der Hornissen, Gattungen *Vespula, Dolichovespula* und *Vespa.* In einem wesentlichen Punkt allerdings unterscheiden sie sich von ihnen: Die Hummelköniginnen dominieren nicht durch Aggression. Sie erzeugen vielmehr ein Pheromon, die sogenannte Königinsubstanz, mittels derer sie die Entwicklung der Eierstöcke ihrer Arbeiterinnen chemisch unterdrücken.

Honigbienen: Eusoziales Leben auf höchster Stufe

Die raffiniertesten aller Insektengesellschaften sind die Gemeinschaften der sieben Arten der Honigbienen. Die Honigbiene, *Apis mellifera,* ist die Art, die Imker am häufigsten in künstlichen Nestern, in Bienenstöcken halten. Seit über 3 000 Jahren hält man Honigbienen so.

Das natürliche Verbreitungsgebiet von *Apis mellifera* mit einer Reihe geographischer Rassen erstreckte sich über Europa, den Mittleren Osten und Afrika. Der Mensch hat die Bienen in alle Teile der Welt verfrachtet, und heute sind Mexiko, die Vereinigten Staaten, Australien und Neuseeland die wichtigsten Honigerzeuger.

Der natürliche Nistplatz der Honigbiene ist ein hohler Baum oder ein tiefer Felsspalt. Eine florierende Kolonie besteht aus einer einzigen eierlegenden Königin und aus bis zu 80 000 Arbeiterinnen. Die Arbeiterinnen bauen Waben in Form doppelseitiger Wachsblätter, die senkrecht vom Dach der Nesthöhle herabhängen. Jede Seite der Wabe wird zu sechseckigen Zellen ausgezogen, in denen die Brut großgezogen und Honig und Pollen gelagert wird.

Aus Drüsen am Abdomen »schwitzen« die Bienen Wachs aus. Außerdem sammeln sie Harz von klebrigen Knospen und Baumwunden, das sie mit Pollen und ein wenig Honig vermischen. Mit diesem Kittharz oder *Propolis* werden Lücken in Waben geschlossen und bei natürlichen Nestern die Nesteingänge verengt.

Wie bei den sozialen Wespen, so dominiert auch bei den Bienen die Königin über ihre Arbeiterinnen mittels der Königinsubstanz, in diesem Fall Trans-9-keto-2-dezensäure. Diese Substanz wird von Drüsen am Kopf abgesondert. Und weil die Königin immer von einem Hofstaat von Pflegebienen umgeben ist, die sie ständig umsorgen und belecken, wird die Königinsubstanz über die ganze Kolonie verteilt.

Die Aufgaben der Arbeiterinnen sind je nach Alter verschieden. Eine frisch geschlüpfte Arbeiterin hält während ihrer ersten drei Tage als »Putzfrau« die Waben sauber. Vom ungefähr dritten bis zum zehnten Tag ist sie Ammenbiene. Drüsen in ihrem Kopf werden aktiv, vergrößern sich und sondern den

Eine Bienenarbeiterin, Apis mellifera *(England), mit fast gefüllten Pollenkörbchen trinkt Nektar aus einer Quittenblüte,* Cydonia oblonga.

Königinfuttersaft, das sogenannte Gelée royale ab. Diesen Saft verfüttert sie an die Larven. Diejenigen, deren Bestimmung es ist, Arbeiterinnen zu werden, bekommen Gelée royale nur drei Tage lang, die zukünftigen Königinnen dagegen werden ausschließlich mit dieser reichhaltigen Nahrung gefüttert. Gelée royale besteht aus einer Mischung von Vitaminen, Proteinen, Zuckern, DNA, RNA und der Fettsäure Trans-10-Hydroxydezensäure.

Am zehnten Tag verkümmern die Drüsen, die Gelée royale erzeugen, während gleichzeitig die Wachsdrüsen im Abdomen aktiv werden: Die Arbeiterin wird von der Ammenbiene zur Baubiene und baut von nun an bis ungefähr zu ihrem 16. Lebenstag Waben. Während der nächsten vier Tage nimmt sie die Pollen- und Nektarlieferungen heimkehrender Nahrungssucherinnen, der sogenannten Trachtbienen entgegen und bringt sie in der Wabe unter. Zu ihren Aufgaben gehört auch, daß sie den Nektar zu jenem Konzentrat reifen läßt, das wir Honig nennen: Mit einem Tropfen Nektar zwischen ihren Kiefern sitzt sie in einer ruhigen Ecke des Nestes. Während sie ständig ihre Kiefer öffnet und schließt, verdampft das Wasser allmählich, der Nektar wird dicker in der Konsistenz und die Zuckerkonzentration steigt.

Etwa von ihrem 20. Lebenstag an ist sie Wächterbiene am Nesteingang, und während dieser vier Tage kann es passieren, daß ein letztes Opfer von ihr gefordert wird. Der Stachel einer Honigbiene ist mit rückwärts gerichteten Widerhaken bewehrt, die sich in der faserigen Haut eines räuberischen Säugetiers oder Vogels verfangen. Wenn sich die Biene freizukämpfen versucht, reißt sie sich die Eingeweide aus dem Leib und läßt den Stachel in der Haut des Feindes zurück. Sie stirbt, aber die Muskeln der Giftblase pumpen weiter Gift in die Wunde. Eine andere Drüse, die ebenfalls am Stachel bleibt, setzt ein Alarmpheromon frei, das weitere Arbeiterinnen zum Angriff ruft. So kann aus dem Angriff einer Biene eine Massenstecherei werden.

Eine florierende Kolonie kann 18 bis 45 Kilogramm Honig pro Jahr produzieren – eine lebenswichtige Nahrungsreserve, die der Kolonie über den Winter oder die Trockenzeit hinweghilft, wenn es wenig oder keine Blüten gibt.

WOZU SOZIAL LEBEN?

Die Verteidigung der Kolonie endet bei sozialen Ameisen, Wespen und Bienen oft mit dem Tod der Arbeiterinnen. Sie pflanzen sich nicht fort, kümmern sich aber unentwegt um den Nachwuchs anderer. Geht ihr Altruismus nicht ein bißchen zu weit? Für Charles Darwin war die Selbstaufopferung dieser Insekten eine peinliche Angelegenheit. In seiner Offenheit wies er darauf hin, daß seine Evolutionstheorie via natürliche Selektion durch die Tatsachen aus dem sozialen Leben der Ameisen, Wespen und Bienen ins Wanken geraten könnte. Wie können Gene für Selbstaufopferung überleben und in die nächste Generation weitergegeben werden? Darwin sollte sich den Rest seines Lebens darüber den Kopf zerbrechen; er spekulierte, ob die sozialen Insekten nicht ein »Spezialfall« seien, die natürliche Selektion hier nicht eher auf die Kolonie als Ganzes, als auf die Individuen einwirke.

Soziales Verhalten hat sich bei den Hautflüglern (den Ameisen, Wespen und Bienen) mindestens elfmal unabhängig voneinander entwickelt, bei anderen Insekten dagegen nur einmal: bei den Termiten. Irgendetwas muß es an Hautflüglern geben, das sie zur Sozialität tendieren läßt. Wir wissen heute, daß die natürliche Selektion sogar bei den sozialen Hautflüglern am Individuum ansetzt und nicht an der Kolonie als Ganzes. Und die Antwort auf Darwins Dilemma liegt darin, wie sich die Geschlechtszugehörigkeit bei Ameisen, Wespen und Bienen definiert. Weibchen stammen aus befruchteten Eiern und sind diploid, haben also einen doppelten Chromosomensatz. Männchen dagegen stammen aus unbefruchteten Eiern. Sie haben nur den einfachen Chromosomensatz, sind also

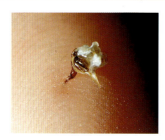

Der Stachel einer Bienenarbeiterin ist in einem menschlichen Finger zurückgeblieben und pumpt weiter Gift in die Wunde.

haploid. Diese Art der Geschlechterbestimmung heißt Haplo-Diploidie und führt zu einigen Merkwürdigkeiten im Grad der genetischen Verwandtschaft: Da Hautflüglerköniginnen zwei Chromosomensätze haben, aber nur einen jeweils an ihre Töchter weitergeben, haben Hautflüglerschwestern zu durchschnittlich 50 Prozent gemeinsame Gene. Der Vater verfügt nur über einen Chromosomensatz; folglich bekommen die Schwestern vom Vater jeweils exakt dieselben Gene. Hautflüglerschwestern sind also zu 75 Prozent miteinander verwandt.

Die Rechnung sieht, genetisch betrachtet, für eine kinderlose Arbeiterin nun folgendermaßen aus: Obwohl sie ihr Leben der Aufzucht ihrer Schwestern widmet, von denen einige zu Königinnen heranwachsen werden, und obwohl sie vielleicht eines Tages ihr Leben für die Verteidigung der Kolonie opfern wird, arbeitet sie dennoch an ihrem eigenen Fortpflanzungserfolg, obwohl sie nie Eier legen wird.

Das ist kein Widerspruch in sich: Weil die Arbeiterin mit ihren Schwestern enger verwandt ist (75 Prozent), als sie es mit eigenen Töchtern wäre (50 Prozent), bringt sie durch ihren Einsatz für die Schwestern einen größeren Anteil »ihrer« Gene in die nächste Generation, als wenn sie selbst Töchter hätte. Es spielt keine Rolle, ob die Gene, die weitergegeben werden, in ihrem Körper oder in den Eiern ihrer Schwestern lagern: Auf alle Fälle sind 75 Prozent davon identisch. Das ist die Grundlage dessen, was Kin-Selektion-Theorie genannt wird, und es ist die eleganteste Erklärung für die Mehrfach-Evolution der Sozialität bei Hautflüglern. Es bedeutet, daß die Arbeiterin unter dem Druck der tyrannischen Gene eher selbstsüchtig als altruistisch handelt.

Honig ist energiereich, und der Brennstoffverbrauch von Bienen würde Autokonstrukteure vor Neid erblassen lassen: Eine Biene fliegt mit einem Kubikzentimeter Honig 700 Kilometer weit.

So eine wertvolle Ressource ist es wert, verteidigt zu werden, sogar wenn das für die kämpfenden Arbeiterinnen Selbstmord bedeutet. Aber diese Kamikaze-Politik ist für die sterbenden Bienen von direktem persönlichem Nutzen: Im Grunde handeln sie eher selbstsüchtig als selbstlos (siehe Kasten Seite 188).

Nach ihren Wächterpflichten verbringt die Biene den Rest ihres sechswöchigen Lebens als sogenannte Trachtbiene und sucht nach Pollen und Nektar. In dieser Zeit greift sie auf ihr beachtliches Potential zur Informationsverarbeitung zurück, um ihre nahrungssuchenden Kolleginnen tanzend über Pollen- und Nektarquellen zu informieren.

Aber diese Verhaltensweisen, die eine Bienenarbeiterin altersabhängig durchläuft, sind nicht unflexibel. Wenn die Kolonie von einem großen Räuber wie zum Beispiel einem Honigdachs angegriffen und beschädigt wird, kann die Altersstruktur der Kolonie gestört werden. In diesem Fall werden die Pflichten neu verteilt und Bienen, die zuvor Wachposten waren, können ihre Drüsen für Gelée royale wieder aktivieren und zu Ammen werden. Auf diese Weise wird die funktionelle Einheit des Kolonielebens wiederhergestellt.

Wenn die Kolonie sehr groß wird, schwächt sich die Wirkung der Königinsubstanz ab, und die Arbeiterinnen setzen eine Reihe von Ereignissen in Gang, die schließlich zur Spaltung der Kolonie führen. Sie fangen an, Königinzellen zu bauen, die viel größer sind als die Zellen für Arbeiterinnen. Die Königin wird von ihrem Gefolge zu diesen Weiselzellen eskortiert und legt in jede ein einziges Ei. An diesem Ei ist nichts Besonderes; unter anderen Umständen würde es sich zu einer Arbeiterinnenlarve entwickeln. Aber die Larve, die aus diesem Ei schlüpft, wird ausschließlich mit dem Königinfuttersaft gefüttert, und 22 Tage später schlüpft eine neue Königin.

Als erstes spürt die Jungkönigin sämtliche Rivalinnen auf, die kurz vor dem Schlupf stehen und sticht sie tot. Dann verläßt sie das Nest, um sich zu paaren. Sobald sie heimkehrt, verläßt die alte Königin mit einem Schwarm von Arbeiterinnen das Nest. Der Schwarm ballt sich mit der Königin in der Mitte um einen Ast oder Felsvorsprung; unterdessen suchen Spurbienen nach einem neuen Nistplatz. Sind sie zurückgekehrt, »tanzen« sie (siehe Seiten 58-59) auf dem Schwarmklumpen und »berichten« über die Position des neuen Nistplatzes. Zielsicher macht sich der Schwarm nun auf den Weg zur neuen Bleibe.

Eine Bienenkönigin legt in ihrer Blütezeit ungefähr 1 500 Eier pro Tag. Sie kann bis zu fünf Jahre alt werden, aber irgendwann fordert doch das Alter seinen Tribut, und sie produziert weniger Königinsubstanz. Die Arbeiterinnen reagieren darauf, indem sie mehrere neue Königinnen aufziehen und der Schwarmprozeß beginnt wieder von vorne.

PAPIERKRAM BEI WESPEN

Feldwespen der Gattung *Polistes* kommen überall auf der Welt vor, sowohl in gemäßigten als auch in tropischen Klimazonen. Die Art *Polistes canadensis* ist sogar von Kanada bis Südamerika verbreitet.

Alle Feldwespenarten bauen Papiernester: Eine einzelne Wabe hängt an einem Stiel von einem Ast oder von der Unterseite eines Blattes herab. Ameisen sind die schlimmsten Feinde dieser Wespen; um sie abzuschrecken, schmieren die Wespen den Aufhängestiel mit einem glänzenden, schwarzen Sekret aus ihren Abdominaldrüsen ein. Das Papier für ihre Nester stellen sie so her: Sie ziehen von abgestorbenem Holz Fasern ab, kauen sie durch und vermischen das Ganze mit Speichel. Aus dieser Pappmaché formen sie sechseckige Zellen, die dann die Hauptwabe des Nestes bilden.

Jedes Nest wird von einem begatteten Weibchen gegründet. Bei vielen Arten zieht das Weibchen eine erste Generation selbst auf – eine Brut aus lauter Weibchen. Diese Weibchen werden zu Arbeiterinnen und übernehmen die Aufgabe, das Nest zu erweitern und Insektennahrung für die Larven zu sammeln. Rein äußerlich besteht kein Unterschied zwischen diesen Arbeiterinnen und der Gründerkönigin, die jetzt nur noch selten ihr Nest verläßt und den größten Teil ihrer Zeit mit Eierlegen verbringt. Innerlich aber unterscheiden sie sich erheblich: Die Eierstöcke der Arbeiterinnen entwickeln sich nicht. Sie werden durch eine Vielzahl ritualisierter Verhaltensweisen seitens der Königin oder durch ihre Aggression gegen die Arbeiterinnen in diesem unentwickelten Zustand gehalten; diese Aggression kann sich in Kopfstößen oder Schulterrempeln äußern. Je nach Art variieren die Methoden, mittels derer die Königin dominiert. Aber sie ist dabei nicht immer hundertprozentig erfolgreich, und gelegentlich schafft es eine Arbeiterin, Eier zu legen. Weil die eierlegenden Arbeiterinnen nicht begattet sind, legen sie unbefruchtete Eier, die sich wie die Eier aller Ameisen, Wespen und Bienen zu Männchen entwickeln.

Bei manchen Arten schließen sich andere verpaarte Weibchen der Gründerkönigin an. Nicht nur die Königin legt Eier, diese Helferinnen tun es ebenfalls, aber die Königin frißt soviel dieser Eier, wie sie nur kann. Jedes Weibchen kann die Eier von Rivalinnen identifizieren und frißt sie. Dominante Königin wird die, die am meisten Eier frißt.

Die Arbeiterinnen fangen Insekten und zerkauen sie zu einer breiigen Masse oder formen das Futter zu Pillen und verfüttern es nach und nach an die Larven; wenn eine Arbeiterin Larven füttern will, klopft sie mit dem Kopf gegen den Rand

Oben: *Arbeiterinnen von Polistes cavapyta (Argentinien) teilen mit ihren Kiefern eine Kugel aus zerkauter Raupe, den eine Wespe gebracht hat.*

Unten: *Eine P.cavapyta-Arbeiterin bietet einer Larve in ihrer Zelle Futter an. Larven betteln um Futter, indem sie mit ihren Kiefern an den Zellwänden kratzen.*

LEBEN IN DER GEMEINSCHAFT · 191

Oben: *Eine Arbeiterin von P.cavapyta hat Ammendienst und inspiziert eine sich verpuppende Larve.*

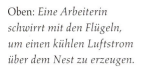

Oben: *Eine Arbeiterin schwirrt mit den Flügeln, um einen kühlen Luftstrom über dem Nest zu erzeugen.*

Rechts:: *Dominante Arbeiterinnen von P.cavapyta zwingen eine untergeordnete Arbeiterin, zur Mund-zu-Mund-Fütterung (Trophallaxis).*

der Zelle und summt. Die Larve antwortet, indem sie einen Tropfen Speichel hervorwürgt. Die Arbeiterin hält nun die Futterpille an den Eingang der Zelle und die Larve beißt ein Stück ab. Die Reste der Pille saugen den Larvenspeichel auf und die Arbeiterin frißt einiges davon. Dieser Speichelaustausch, *Trophallaxis,* versorgt die Arbeiterin mit Kohlenhydraten, Proteinen und möglicherweise mit Enzymen, die sie nicht selbst erzeugen kann. Manchmal geben Arbeiterinnen und Königin das Fütterungssignal, ohne Futter anzubieten, laufen dann auf der Wabe herum und trinken die Speicheltröpfchen, die ihnen die Larven anbieten.

Heimkehrende Arbeiterinnen werden auch von ranghöheren Nestkolleginnen um Futter angebettelt. Das kann zu einer aggressiven Angelegenheit mit viel Schubsen, Stoßen und Summen werden. Die Königin wird immer von den Arbeiterinnen gefüttert und sucht nie selbst nach Nahrung.

Arten der Gattung *Polistes* verteidigen ihre exponierten Nester mit Nachdruck. Wenn ein weidendes Tier oder ein Mensch die Wabe streift, schwirren die Arbeiterinnen laut summend umher, und versuchen, dem Eindringling einen schmerzhaften Stich zu verpassen. Die Details des Soziallebens sind zwischen *Polistes*-Arten zwar unterschiedlich, aber nach den vielen Arten zu schließen, die weltweit vorkommen, ist das Muster ihres Lebenszyklus sehr erfolgreich.

TERMITEN UND AMEISEN

Kolonien von Termiten und Ameisen können sehr viel größer werden als die von Bienen; manchmal gehen sie in die Millionen. Über ihre soziale Organisation aber weiß man viel weniger als über die der Honigbienen.

Anders als die Arbeiterkaste in den Hautflüglergesellschaften können Termitenarbeiter sowohl männlich als auch weiblich sein. Außer »einfachen« Arbeitern gibt es oft Soldatenkasten, denen ebenfalls beide Geschlechter angehören können. Die Bestimmung der Kastenzugehörigkeit ist kompliziert; die unmittelbaren Bedürfnisse der Kolonie geben den Ausschlag darüber, welchen besonderen Untergruppen, frisch geschlüpfte Nymphen zugeteilt werden. Man weiß, daß Hormone und Pheromone diese Vorgänge auf höchst komplexe Art regeln, aber die Details sind bisher noch nicht vollständig erforscht.

Die schlimmsten Feinde von Termiten sind plündernde Ameisen, und Termitensoldaten wehren sie hauptsächlich mit zwei Methoden ab: Soldaten der Gattung *Coptotermes*, haben wuchtige Köpfe und mächtige Kiefer. Andere, wie etwa die Soldaten der Gattung *Nasutitermes* haben ihre Kiefer praktisch verloren. Dafür läuft die Stirn zu einer langen, schmalen Tülle aus, dem sogenannten Nasus, der manchmal mit einer großen Drüse in Verbindung steht. Diese Drüse produziert eine sehr klebrige Flüssigkeit, die der Soldat über Ameisen versprüht und sie damit sofort zum Stehen bringt.

Anders als die Männchen sozialer Hautflügler bleiben die Termiten-männchen nach der Paarung mit der Königin zusammen. Bei einigen Arten verwandelt sich die Königin in eine pulsierende, grotesk anfgedunsene und absolut bewegungsunfähige Eierlegemaschine. Sie ist vollständig darauf angewiesen, daß Arbeiter sie füttern und pflegen. Und ihr Partner, der König, weicht nicht von ihrer Seite.

Weil Termiten eine unvollständige Metamorphose haben, sehen die Larven oder Nymphen wie Kleinausgaben der Erwachsenen aus, und sie sind, anders als die beinlosen und hilflosen Larven der Hautflügler, sehr aktiv. Die primitiveren Termiten sind auf einzellige Darmsymbionten angewiesen, um die Zellulose in ihrer Nahrung verdauen zu können. Die Larven bekommen ihre einzelligen Helfer, indem sie den Kot erwachsener Tiere fressen, und auf demselben Weg füllen sie auch ihren Bestand an Einzellern ständig wieder auf.

Höherentwickelte Termiten lassen die Zellulose von Pilzen verdauen, die sie in riesigen Kammern kultivieren. Diese Pilzarten kennt man nur aus Termitennestern, also muß die Symbiose bereits Jahrmillionen alt sein. Die Arbeiter tragen Pflanzenmaterial ins Nest; oft sind es Gräser, aber manchmal richten sie auch Fraßschäden an Kulturpflanzen an. Die herbeigetragene Pflanzenmasse schichten sie zu einem Kompost, auf dem der Pilz wächst. Termitenarbeiter sind zwar blind, aber sie können nach ihren Futtersuchtrips zur

Rechts: Dieser sechs Meter hohe Bau einer Termite der Gattung Macrotermes *(Kenia) ist aus einer Mischung von Termitenkot und Erde gebaut.*

AIR-CONDITION: IMMER COOL BLEIBEN

Eine große, volkreiche Kolonie von Termiten, Ameisen, Wespen oder Bienen kann sich sehr stark aufheizen. Das Tun und Treiben und der Stoffwechsel einiger Tausend bis Millionen Tiere erzeugen Hitze. Im Fall der pilzzüchtenden Termiten und Ameisen (siehe Seite 192) erzeugt auch noch der Prozeß des Humusabbaus Hitze. Wenn man außerdem noch bedenkt, daß die meisten Arten in den Tropen und viele in Wüsten und heißen, trockenen Savannen leben, ist leicht zu verstehen, daß Hitze zum Problem werden kann. Doch soziale Insekten sind auf eine Reihe raffinierter Methoden gekommen, sich und ihre Nester abzukühlen.

Die Arbeiterinnen von Wespen und Bienen erreichen das, indem sie in der Nähe des Eingangs mit ihren Flügeln fächeln. Auf diese Weise leiten sie einen kühlenden Luftstrom über die Waben. Nötigenfalls können sie den Kühlprozeß noch verstärken, indem sie Wassertröpfchen in ihren Kröpfen sammeln und sie dann an strategischen Stellen rund um das Nest absetzen. Wenn sie Luft über diese Tröpfchen fächeln, verdampft das Wasser und erzeugt Verdunstungskälte. Die Arbeiter von Ameisen und Termiten haben zwar keine Flügel zum Fächeln, aber sie haben für dasselbe Problem zwei ganz andere Lösungen gefunden: Ameisen, die in unterirdischen Nestern leben, machen sich die Tatsache zunutze, daß sogar in Wüstenböden ein paar Zentimeter unter der Oberfläche die Temperatur konstant bleibt und die Bodentemperatur mit zunehmender Tiefe abnimmt. Ameisen graben deshalb ihre Nester ein gutes Stück weit in die Tiefe. Wenn die Außentemperaturen unerträglich hoch werden, wandern sie einfach nach unten. Umgekehrt ziehen sie früh am Morgen nach oben, um von der Sonnenwärme zu profitieren.

Termiten haben die ausgeklügeltsten Kühlmethoden, denn ihre Nester sind mit Klimaanlage gebaut (siehe Zeichnung oben). Ihre riesigen, klimatisierten Türme sind wichtige Landmarken der tropischen Savannen. Die Nester selbst liegen unterirdisch in einem komplexen System aus Kammern und Galerien.

Die Kompaßtermite *Amitermes meridionalis* der extremen Wüsten Nordaustraliens verdankt ihren Namen der Tatsache, daß ihre keilförmigen, 3,5 Meter hohen Nester stets in Richtung der Nord-Süd-Achse angelegt sind. Während die Morgen- und Abendsonne breitseits auf die Nester scheint und sie aufwärmt, steht während der größten Tageshitze die Sonne direkt darüber und nur die schmale Spitze des Nestes ist direkt der Sonne ausgesetzt.

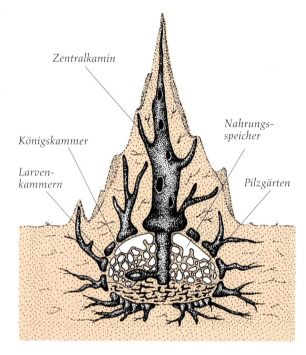

Oben: *Ein Vertikalschnitt durch den Nesthügel der afrikanischen Termite* Macrotermes bellicosus *zeigt den Pilzgarten und das Netz der Kaminschächte, durch die heiße Luft aufsteigt – ein Teil der Klimaanlage der Termiten.*

Unten: *Eine Computersimulation der »Blätter« im Termitenbau, ein überaus wichtiger Teil des Klimatisierungsprozesses. Termitenarbeiter halten die Blätter feucht, so daß die warme Luft sich abkühlt, wenn sie darüber hinwegstreicht.*

LEBEN IN DER GEMEINSCHAFT · 195

Einige Arten bauen riesige Hügel – 7,5 Meter hoch sind die Türme von *Macrotermes bellicosus* in Afrika. Der Erdhügel ist über den Nestkammern und Pilzgärten erbaut. Aus diesem Wohnbereich steigt heiße Luft auf, strömt in einen zentral gelegenen Kamin hinauf und von dort aus über Seitenarme in ein System dünnwandiger Tunnel in der Außenwand. Hier, wo die Außenwand nur ein paar Millimeter dick ist, kühlt die Luft ab, Kohldioxid diffundiert nach außen und frische Luft nach innen. Durch den Druck heißerer Luft, die aus dem eigentlichen Nest kommt, bleibt die Luft ständig in Bewegung.

Jetzt strömt die Luft in eine große Kammer unter der Bodenoberfläche und streicht zwischen einer Reihe großer Blätter hindurch, die von den Termiten feucht gehalten werden. Diese Feuchtigkeit schafft Abkühlung durch Verdunstung, und die frische Luft fließt zurück in den Wohnbereich.

Es ist bemerkenswert, daß die Termitenarbeiter etwas gebaut haben, was in der Menschenwelt einem Wolkenkratzer von 9,6 Kilometer Höhe entspräche, obwohl sie blind sind.

Die Klimatisierungssysteme der Termiten sind so effektiv, daß Ingenieure heute Gebäude mit Kühlsystemen bauen, die auf dem Modell der Termiten beruhen.

Ein pilzförmiges Schlammnest einer Termite der Gattung Cubitermes *in einem Regenwald in Gambia. Das kuppelförmige Dach schützt vor Sturzregen.*

Rechts:: Ein massiver, turmartiger Termitenhügel von Macrotermes *in der südafrikanischen Savanne. Der Turm ist Teil des Klimatisierungssystems der Termiten.*

196 · LEBEN IN DER GEMEINSCHAFT

Eine weiße Nymphe und vier Soldaten der Termite Trinervitermes gratiosus *(Kenia). Die wuchtigen Köpfe der Soldaten sind mit Muskeln vollgepackt, die die schwarzen, gekrümmten Kiefer bewegen. Die Galerien des unterirdischen Nests bestehen aus Termitenkot, vermischt mit Erde.*

Kolonie zurückfinden, indem sie der Duftspur folgen, die sie auf dem Hinweg angelegt haben.

Pilzgärten und Duftspuren sind auch die Stärke der Ameisen. Die Blattschneiderameisen aus Mittel- und Südamerika schneiden mit ihren großen, scherenartigen Kiefern Stücke aus grünen Blättern, tragen sie zum Nest und schichten sie dort auf den Kompost für ihre eigene Pilzkultur, von der sie leben.

Zwar haben die Arbeiterinnen der meisten Ameisen Augen, aber sie sehen nicht sehr scharf und lassen sich deshalb auf der Nahrungssuche von Duftspuren leiten. Auch in den gewaltigen Kolonien der südamerikanischen Treiberameisen, *Eciton burchelli* und der afrikanischen Treiberameisen *Dorylus nigricans* finden sich blinde Arbeiterinnen und Soldaten.

Eine Kolonie aus Treiberameisen kann bis zu 700 000 Tiere stark werden; nur die Männchen und Königinnen haben Augen. Eine Kolonie kann einen Angriffstrupp aus 150 000 blinden Ameisen losschicken, eine Phalanx von 105 Meter Länge und acht Meter Breite, und sie alle folgen Spuren, die von Kundschaftern gelegt worden sind. Emsig durchstöbern sie Fallaub und

Unterwuchs und fallen gierig über alles Kleingetier her, das ihnen über den Weg läuft, seien es nun Insekten oder Säugetiere. Zwar kann eine Kolonie von *Eciton burchelli* bis zu drei Wochen am selben Platz kampieren, aber meistens marschiert sie und pausiert nur in provisorischen Biwaks.

Die afrikanischen Treiberameisen *Dorylus nigricans* besetzen dieselbe Nische wie die südamerikanischen Treiberameisen. Ihre Angriffstrupps marschieren auch in breiter Front. Sie sind große Termitenjäger und werden sogar mit Eidechsen und Schlangen fertig. *Dorylus* zerstückelt auch jedes größere Haustier. Hühner, Ziegen und Schweine, die nicht entkommen können, sind verloren.

Soziale Insekten sind ein dominantes Element vieler Lebensräume der Welt. Die Arbeiterinnen eines einzigen Bienenvolkes können zwei bis drei Millionen Blüten pro Tag besuchen; die Gesamt-Biomasse an Termiten in den afrikanischen Savannen übertrifft bei weitem die der riesigen Herden aus Zebras, Gnus und all den anderen Grasfressern. Und Ameisen sind die wichtigsten Räuber unter den Kleintieren. Sie bringen mehr Fleisch zur Strecke als alle fleischfressenden Säugetiere zusammen.

Eine Arbeiterin der Weberameise Oecophylla smaragdina *(Nepal) formt ein Nest, indem sie eine Larve wie ein Weberschiffchen benutzt, um zwei Blätter mit Seide miteinander zu verbinden. Die Seide wird von Drüsen im Kopf der Larve abgesondert.*

8

VON INSEKTEN UND MENSCHEN

Freunde oder Feinde?

Marienkäfer, Epilachna dregei fressen Blattläuse (Transvaal, Südafrika).

Vor 2 000 Jahren konnte man auf den Märkten Zentralchinas Nester der Weberameisen *Oecophylla smaragdina* kaufen. Wie auf dem Foto in Kapitel 7 (Seite 197) zu sehen ist, nähen diese Ameisen mit Seide, die ihre Larven absondern, zwei oder mehr lebende Blätter zusammen und formen daraus ein Nest.

Die Weberameisennester verkauften sich auf dem Markt gut, weil die Ameisen gierige Räuber sind: Zitrus-Obstbauern hängten die Nester in ihre Obstbäume, und die futtersuchenden Ameisen hielten die Bäume frei von schädlichen Insekten.

Das ist das früheste Beispiel, das über biologische Schädlingsbekämpfung bekannt ist – über den Einsatz natürlicher Mittel, um Kulturschädlinge auf umweltfreundliche Art zu regulieren. Das Beispiel zeigt, daß die Chinesen mindestens zwei Jahrtausende lang ein klares Verständnis von der ökologischen Bedeutung der Insekten hatten und wußten, wie man daraus Nutzen ziehen kann.

Sobald die Menschen damit anfingen, wilde Pflanzen zu kultivieren, machten sie für die Insekten, für diese Opportunisten *par excellence*, die Bahn frei. Solange die Kulturpflanzen noch unter völlig natürlichen Bedingungen lebten, hielt ein damals noch großes Spektrum von Insektenräubern und Parasiten die Populationen pflanzenfressender Insekten in Schach.

Als aber die Menschen ihre Anbaumethoden verfeinerten und Felder mit nur einer einzigen Feldfrucht dicht bepflanzten, wurden einige Insekten zu Schädlingen: Eine Monokultur ist ein Schlaraffenland, in dem sich Schädlingsarten prompt explosionsartig vermehren, was auch ihre natürlichen Feinde anfangs nicht verhindern konnten. Schließlich holten die Räuber und Parasiten doch auf und das Schädlingsproblem besserte sich vorübergehend. Trotzdem wurden Insekten allmählich zu Nahrungskonkurrenten der Menschen; immer häufiger folgten unkontrollierbare Bestandsexplosionen eben solchen Zusammenbrüchen und machten den Ackerbau in einigen Gebieten der Welt zu einem Glücksspiel mit ungewissem Ausgang.

Dann kamen die Insektizide auf, die Antwort der Chemiker auf den Traum jedes Bauern von schädlingsfreien Kulturen. Sicherlich hatten DDT und die späteren Generationen von Insektiziden anfangs eine durchschlagende Wirkung auf die Zahl der landwirtschaftlichen Schädlinge. Allerdings machte der allzu unbekümmerte Umgang mit Pestiziden alles noch schlimmer, weil das natürliche

Eine dichte Masse aus Blattläusen, Macrosiphon albifrons, *auf einer Gartenlupine (England). Massenbefall durch Blattläuse kann Kulturpflanzen welken lassen und erheblichen Streß bedeuten.*

VON INSEKTEN UND MENSCHEN · 201

Links: *Die Weiße Gewächshausfliege,* Trialeurodes vaporarium, *ein berüchtigter Schädling vieler Gewächshauspflanzen, saugt an Tomatenpflanzen (England). Züchter bekämpfen diesen Schädling jetzt mit einer parasitischen Wespe,* Encarsia formosa.

Unten: *Dieser Maiskäfer* Astylus atromaculatus *(Südafrika) ist einer von vielen Kulturschädlingen, der es geschafft hat, seiner Wirtspflanze um die ganze Welt zu folgen.*

Gleichgewicht durcheinandergeriet. Pestizide machen keinen Unterschied zwischen der zu vernichtenden Art und den »Nützlingen«, den Verbündeten des Bauern: Die Chemikalien reduzierten auch die Populationen bestäubender Insekten.

Ständiger Einsatz von Insektiziden verschmutzte auf dem Weg über das Grundwasser auch die Wasservorräte, gelangte in die Nahrungsketten und wirkte sich dabei nachteilig auf alle möglichen Tiere aus, auch auf Greifvögel und Menschen.

Mittlerweile setzten sich die Insekten zur Wehr: Sie entwickelten Rassen, die gegen bestimmte Insektizide resistent sind, genauso wie viele Bakterien gegen Antibiotika resistent geworden sind. In wenigen Jahren war die Wirkung des DDT untergraben. Ein eskalierendes Wettrüsten zwischen Insekten und Chemikern begann, aber die Insekten hatten dabei eindeutig die besseren Karten: Ihre sehr hohe Fruchtbarkeit und ihre kürzere Generationsdauer machte es ihnen soviel leichter, sich rasch anzupassen. Es war für die Insekten nichts Neues, auf diese Art zu reagieren: Wie wir in Kapitel 4 und 6 gesehen haben, sind sie seit Jahrmillionen in einen chemischen Krieg mit Pflanzen verwickelt.

Unten: *Ein Gefurchter Lappenrüssler,* Otiorrhynchus sulcatus, *auf einer Zimmerpflanze. Dieser Rüsselkäfer ist auch in Gewächshäusern ein häufiger Schädling.*

Seit der Einführung der Insektizide in den 40er Jahren sind ungefähr 500 Insektenarten gegen ein oder mehrere Insektizide resistent geworden. Zu den wohlbekannten Beispielen gehört der Fluch der Kartoffelbauern, der Kartoffelkäfer *Leptinotarsa decemlineata* und der Tabak- und Baumwollschädling *Heliothis virescens*.

WIEDERSEHEN MIT ALTEN FREUNDEN

Ziemlich verspätet entdeckten moderne Agrarwissenschaftler, was die Chinesen vor 2 000 Jahren wirklich gut wußten: daß sich Schädlingszahlen in erträglichen Grenzen halten lassen, wenn man die Dienste der Feinde von Schädlingen beansprucht. Heute ist die biologische Schädlingsbekämpfung weitverbreitet und sie wird mit Erfolg betrieben: Über 5 000 Arten natürlicher Feinde – räuberische Käfer, parasitische Wespen und Fliegen – sind inzwischen getestet worden, wobei 300 davon jetzt in 60 Ländern regelmäßig und mit beachtlichem Erfolg eingesetzt werden. Allein in den USA hat man ungefähr 700 Arten natürlicher Schädlingsvernichter ausgesetzt, um über 50 verschiedene Schädlinge zu kontrollieren.

Rechts: *Nymphen der Baumwoll-Färber-Wanzen, Gattung* Dysdercus, *nagen an herabgefallenen Baumwollsamen. Diese Wanzen sind Schädlinge, weil ein Pilz in ihre Fraßlöcher eindringt und die Samenkapsel verfärbt.*

Manchmal sind Schädlinge durch Zufall importiert worden. Die Maulwurfsgrille *Scrapteriscus vicinus* wurde Ende letzten Jahrhunderts ungewollt von Brasilien in die wärmeren Teile der Vereinigten Staaten gebracht.

Rechts: Die Raupen des Großen Kohlweißlings, Pieris brassicae *(England), gehören zu den Hauptschädlingen von Kohl.*

Oben: Glücklicherweise ist Hilfe zur Hand: Die Weibchen der parasitischen Wespe Apantales glomeratus *legen ihre Eier in die Raupen. Die wachsenden Wespenlarven fressen die Raupen und töten sie schließlich.*

Hier richtet sie Schäden an Rasen, Golfplätzen und einigen Feldfrüchten an, weil sie an den Wurzeln nagt und den Boden durchwühlt.

Wenn so ein eingeführter Schädling biologisch bekämpft werden soll, muß man herausfinden, welche natürlichen Feinde ihm in seinem Herkunftsland zusetzen. Die amerikanischen Insektenforscher entdeckten schließlich eine Wespe, *Larra americana,* die sich in Brasilien auf die Maulwurfsgrille spezialisiert hat. Das Wespenweibchen spürt die Grille auf, treibt sie aus ihrem Bau und sticht sie. Dann legt sie ein einziges Ei auf die gelähmte Grille und überläßt sie ihrem Schicksal.

Die Lähmung durch den Stich ist von kurzer Dauer und die Grille kehrt in den Schutz ihres Baus zurück. Hier schlüpft die Larve aus dem Ei und frißt die Maulwurfsgrille. Diese Wespenart wurde mit Erfolg in den USA ausgesetzt und hält heute die Anzahl der Maulwurfsgrillen in erträglichen Grenzen.

Einige der erfolgreichsten Einsätze biologischer Schädlingsbekämpfung galten Treibhauspflanzen. Tomaten- und Gurkenzüchter zum Beispiel lassen routinemäßig riesige Mengen winziger parasitischer Wespen frei – *Encarsia formosa* –, um der Weißen Fliege, *Trialeurodes vaporarium,* Herr zu werden. Dieses Insekt schädigt die Kulturpflanzen nicht nur, weil es Saft saugt, es scheidet auch einen klebrigen Honigtau aus, auf dem sich ein rußiger Schimmelpilz entwickelt, der die Frucht verdirbt und die Lebensdauer der Blätter verkürzt.

Weibliche *Encarsia* helfen den Züchtern, indem sie ihre Eier in die Larven der weißen Fliege legen; die Wespenlarven fressen die Fliegenlarve und töten sie. Das Züchten von Parasiten wie *Encarsia* ist eine Branche mit guten Zuwachsraten, und die biologische Schädlingsbekämpfung hat enorme wirtschaftliche Vorzüge.

Zwischen 1946 und 1986 sparte man dank der biologischen Schädlingsbekämpfung allein in Kalifornien über 100 Millionen Dollar ein.

Die Einsparungen bestehen nicht nur im Wert der ungeschädigten Ernten. Biologische Schädlingsbekämpfung ist nicht nur umweltfreundlich, sie ist einfach erfolgreicher und billiger als der Pauschaleinsatz von Pestiziden. Außerdem dauert die Entwicklung neuer Pestizide lange und ist teuer: Nur eine von tausend chemischen Substanzen, die getestet werden, ist wirksam; dagegen sind sechs von 100 natürlichen Feinden ein Erfolg.

ZERRISSENE KETTEN REPARIEREN: AUF DER SUCHE NACH DEM FEHLENDEN GLIED

Die Tatsache, daß biologische Schädlingsbekämpfung funktioniert, zeigt, welch unersetzliche Rolle die Insekten in der Ökologie unseres Planeten spielen. Besonders dort, wo das Netzwerk ökologischer Beziehungen durch Eingreifen des Menschen einen Riß bekommen hat, wird ihre Bedeutung offensichtlich. Ein gutes Beispiel ist die Rinderzucht in Australien. Rinder kamen in Australien ursprünglich nicht vor. Sie wurden erst im letzten Jahrhundert durch Siedler eingeführt.

Ein afrikanischer Mistkäfer, Onthophagus ferox *erledigt das, wofür man ihn importiert hat, und hilft, den Rinderdung in Australien fortzuschaffen.*

Rinder hinterlassen gewaltige Mengen Dung, der in ihren Herkunftsländern von einer Fauna von Mistkäfern beseitigt wird. Einige Arten in diesem Käferspektrum sind darauf spezialisiert, frischen Dung zu verarbeiten, andere wieder kommen mit trockenerem, älterem Dung zurecht; manche Mistkäferarten fressen und vermehren sich in Dung, der an der Bodenoberfläche liegt, während andere ihn als Nahrung für ihre Larven in kompakten Kugeln vergraben.

Weil Rinder eigentlich in Australien nicht vorkommen, gab es dort auch keine Bataillone von Mistkäfern, die sich gemeinsam mit Rindern entwickelt hatten und ihren Dung entsorgten. Die einzigen Mistkäfer, die dort von Natur aus vorkamen, waren daran angepaßt, mit den harten, trockenen Kügelchen der größten australischen Pflanzenfresser, der Känguruhs umzugehen. Mit den weichen Kuhfladen, die die riesigen Rinderherden zurückließen, kamen sie nicht zurecht. Das gab Probleme. Weil der Dung liegenblieb, wurde er ein erstklassiger Brutplatz für die Fliege *Musca vetustissima* – eine echte Plage für Rinder und Menschen.

Das Problem hat gewaltige Dimensionen: Jede Kuh produziert in einem Jahr soviel Dung, daß man damit etwa 5,5 Hektar abdecken könnte. Zusammengenommen würden die Kuhfladen der 22 Millionen Kühe im heutigen Australien eine Fläche von etwa 120 Millionen Hektar bedecken – umgerechnet entspräche das der Fläche des gesamten Australian Capital Territory, unter Kuhfladen begraben!

INSEKTEN ALS NAHRUNG

Bei dem Ruf »Herr Ober, in meiner Suppe ist eine Fliege!« kann sich fassungsloses Schweigen über ein Restaurant senken, aber Widerwille gegen den Verzehr von Insekten ist nur eine kulturelle Eigentümlichkeit.

Rund 500 Insektenarten sind für Menschen in aller Welt ein ganz normales Lebensmittel; dazu gehören Grillen, Heuschrecken, Termiten, Käfer-, Wespen- und Bienenlarven und die Raupen von Nachtschmetterlingen.

Die meisten Insekten, die als Nahrungsmittel dienen, sind Pflanzenfresser. Arten, die sich mit einem schlechtem Geschmack schützen, werden gemieden, wobei die menschlichen Esser genau auf die Warnfarben solcher Insekten achten. Viele Menschen beziehen fünf bis zehn Prozent des tierischen Eiweißes ihrer Nahrung von Insekten; die Krabbeltiere sind reich an Vitaminen, Mineralstoffen und Energie. In Zentral-Angola frittieren die Leute Termiten in Palmöl; die Larven eines Palmen-Rüsselkäfers werden aufgeschlitzt in Öl gebraten. Auch die großen Raupen von zwei Nachtpfauenaugen-Arten werden vielerorts gegessen, nachdem man sie zuvor ausgenommen und geröstet, in der Sonne getrocknet oder in Wasser gekocht hat. Im nördlichen Sambia sind die Larven einer anderen Nachtpfauenaugenart – bei den Einheimischen heißen sie *Mumpa* – von großer wirtschaftlicher Bedeutung: Die Leute nehmen weite Wege auf sich, um die Raupen zu sammeln, die einen Eiweißgehalt von 60 bis 70 Prozent haben. Im nördlichen Transvaal essen die Pedis lieber Mopanewürmer als Rindfleisch. Die getrockneten Larven des Mopane-Nachtpfauenauges *Imbrasia belina* haben einen nußigen Geschmack und ich kann sie als angenehme Alternative zu gesalzenen Erdnüssen mit einem guten Malt Whiskey empfehlen. In Botswana bringt die Mopane-Wurm-Industrie auf der Basis handgesammelter Wildbestände pro Jahr ungefähr 4,42 Millionen Pfund ein. Australische Aborigines nutzen ein weites Spektrum von Insekten als Nahrung. Die berühmtesten sind die Witchety-Maden, die holzbohrenden Larven von Nachtfaltern. In den trockeneren Landesteilen von Australien gräbt man nach Honigtopf-Ameisen – spezialisierten Arbeiterinnen, die von anderen Arbeiterinnen mit großen Mengen Nektar gefüttert werden, was ihre Abdomen gewaltig auftreibt. Die Ameisenkolonie nutzt diese lebenden Honigtöpfe als Vorratsspeicher: Wenn sie angebettelt werden, würgen sie Honig hervor.

Insekten sind also eine ganz normale Nahrung für Menschen in aller Welt. In Hungerszeiten werden sie zur lebenswichtigen Nahrungsreserve.

Wespenlarven und -puppen (Gattung Vespa*) auf einem Thai-Markt (Chiang Mai). Rechts im Bild Ware in ihrer Originalwabe.*

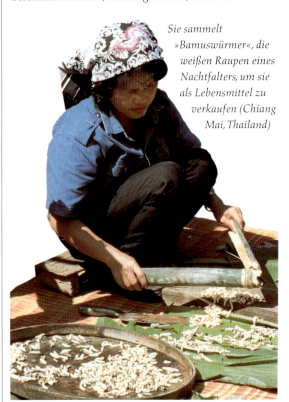

Sie sammelt »Bamuswürmer«, die weißen Raupen eines Nachtfalters, um sie als Lebensmittel zu verkaufen (Chiang Mai, Thailand)

Zwischen 1969 und 1982 dachte man sich eine elegante Lösung aus und setzte sie in die Tat um: Eine Reihe von Mistkäferarten aus Europa und Afrika wurde in Australien eingeführt. Ostafrika mit seinen riesigen Huftierherden war eine ideale Käferquelle; allmählich verbesserte sich in vielen Teilen Australiens die Dungentsorgung und das Fliegenproblem ließ erheblich nach.

Auch ein anderer Bruch in einer Kette natürlicher, tragender Beziehungen geht auf das Konto des Menschen: Im vorigen Jahrhundert begannen Siedler in Neuseeland im großen Stil mit der Schaf- und Rinderzucht. Die frühen Siedler kamen sich vor wie im Schlaraffenland: Das Klima war gerade richtig, um Gräser und üppigen, roten Klee anzusäen – das ideale Viehfutter. Nur ein unerläßliches Bindeglied in einer außerordentlich wichtigen ökologischen Kette fehlte: Neuseelands einheimische Bienen, eine artenarme Fauna von nur 26 Arten, haben zu kurze Zungen, um in Kleeblüten nach Nektar suchen zu können und kommen daher als leistungsfähige Bestäuber dieser entscheidenden Kulturpflanze der Schaf- und Rinderzucht nicht in Frage. Auch Honigbienen sind nicht die richtigen Bestäuber. Die Folge war, daß Neuseeland viele Jahre lang ein Netto-Importeur von Kleesamen war.

In den 80er Jahren des vorigen Jahrhunderts hatte jemand eine glänzende Idee: Vier Hummelarten der Gattung *Bombus* wurden aus Südengland hergebracht, und innerhalb von fünf Jahren wurde Neuseeland Netto-*Exporteur* von Kleesamen und Großproduzent von Lammfleisch, Rindfleisch und Milchprodukten. Wer ist sich schon bewußt, daß sich England nach dem Krieg nicht zuletzt dank dieser billigen Erzeugnisse aus Neuseeland so schnell erholte, die alle auf die Dienstleistungen dieser eingewanderten Hummeln und ihrer Nachkommen angewiesen sind.

Tatsächlich hängen sage und schreibe 30 Prozent aller menschlichen Nahrung direkt oder indirekt von der Bestäubung der Bienen ab. Im Weltmaßstab beläuft sich der Wert der Kulturpflanzen, die von Bienen bestäubt werden, auf 1 590 Millionen Dollar pro Jahr, und die Bestäubungsdienste der Bienen allein sind 50mal mehr wert als die Honigerträge.

Zwar sind wir auf die Bienen angewiesen, aber bei rund 73 Prozent der bienenbestäubten Kulturpflanzen in Nordamerika werden zur Bestäubung keine bewirtschafteten Bienenvölker eingesetzt. Die meisten Kulturpflanzen in Kanada und den Vereinigten Staaten sind also auf die ganz und gar zufälligen Bestäubungsdienste der Honigbienen und Wildbienen angewiesen. Das könnte zu einer sehr prekären Situation werden, aber es bereitet uns kein Kopfzerbrechen – eine Tatsache, die ein grundlegendes Faktum des Lebens auf diesem Planeten widerspiegelt: Wir können uns darauf verlassen, daß die Insekten da sind und daß sie die Aufgaben, von denen wir abhängen, gut erledigen.

Ein Weibchen der Sandbiene Andrena fulva *an einer Stachelbeerblüte (England). Weiche Früchte sind oft auf die weitgehend zufallsabhängigen Bestäubungsdienste angewiesen, die von wilden Bienen wie dieser hier angeboten werden.*

HONIGJAGD IN NEPAL

In Nepal lebt in den hochgelegenen Tälern des Himalaya eine riesige Honigbienenart. Man weiß noch sehr wenig über diese Biene, und bis vor kurzem dachte man, sie sei eine regionale Variante von *Apis dorsata,* einer weitverbreiteten Bienenart Indiens und Südostasiens. Heute sieht man diese rätselhaften Riesen als eigene Art an und nennt sie *Apis laboriosa.* Außer in Nepal sind sie auch schon in Bhutan, Sikkim und Yunan gefunden worden.

Wie die Nester von *Apis dorsata,* so bestehen auch die von *Apis laboriosa* aus Wachswaben ohne schützende Hülle. Allerdings nistet *Apis laboriosa* nicht in Bäumen sondern baut ihre riesigen Wachswaben in den Spalten und großen Rissen nahezu senkrechter Felsabbrüche.

Diese Biene ist ein echter Hochlagenspezialist. Sie nistet meist in Höhen zwischen 3 000 und 3 500 Meter, aber man hat auch schon Nester in 4 100 Meter Höhe gefunden. Bemerkenswert ist, daß die Bienenkolonien das kalte Klima dieser Region überleben, wo die Temperaturen in der meisten Zeit des Jahres zwischen -5 Grad und 10 Grad oder auch darunter liegen. Arbeiterinnen von *Apis laboriosa* wurden noch zwischen Oktober und Dezember bei der Nahrungssuche beobachtet, wenn die Temperaturen schon unter den Gefrierpunkt gesunken sind. Dank ihres dichten Pelzes und ihrer Größe können die Bienen auch bei dieser Kälte Wärme speichern, und die Wabe und die sich entwickelnde Brut werden im Nest von den dicht gedrängten Bienen warmgehalten.

Die Menschen in der Region nehmen große Risiken in Kauf, um den Bienen ihren Honig zu stehlen. Professionelle Honigsammler klettern mit Strickleitern hinauf zu den fast unzugänglichen Nestern. Bei diesem gefährlichen Unterfangen hängen sie oft 400 Meter hoch über steilen Felsabstürzen. Die Tatsache, daß Menschen bereit sind, solche Risiken auf sich zu nehmen, zeigt, welch hohen Wert sie dem Honig von *Apis laboriosa* beimessen.

Rechts. *Unter Lebensgefahr klettert ein nepalesischer Honigjäger auf einer Strickleiter zu den exponierten Waben der riesigen Honigbiene* Apis laboriosa *hinauf.*

Unten: *Die ungeschützten Wachswaben der riesigen Honigbiene des Himalaya.*

Oben: *Honigjäger schmelzen das Wachs, nachdem sie den Honig aus der Wabe entfernt haben.*

Links: *Eine Massenansammlung von Bienenkörben in einer kommerziellen Imkerei in Griechenland. Weltweit gesehen ist die jährliche Honig- und Wachsernte Hunderte von Millionen Dollar wert, aber der Wert der Ernte, die von Honigbienen bestäubt wird, ist noch 50mal größer.*

INSEKTENPRODUKTE

Insekten sind aus einer Vielzahl von Gründen wertvoll für den Menschen. Honig, Wachs und Seide sind nicht die einzigen nutzbaren Produkte, die wir von Insekten bekommen. Der wirtschaftlich genutzte Schellack oder Gummilack wird von der Schildlaus *Kerria lacca* gewonnen, und die rote Lebensmittelfarbe Cochenille wird aus einer anderen Schildlaus mit dem Namen *Dactylopius coccus* extrahiert, die man auf Opuntienkakteen kultiviert.

Allmählich spricht sich herum, daß Bienengift ein ergiebiger Rohstoff für nützliche Medikamente sein kann. Unter Imkern erzählt man sich schon seit langem, daß Bienengift den Ausbruch von Arthritis verhindert oder hinauszögert und ihre Symptome mildert: Die Leute hatten einfach beobachtet, daß Imker, die ja in ihrem Beruf unvermeidlicherweise gestochen werden, relativ selten unter Arthritis leiden. Und tatsächlich gibt es in England und Nordamerika Zentren, wo man eine Bienengifttherapie gegen Arthritis bekommen kann.

Ein Forschungsteam in einem Londoner Krankenhaus hat tatsächlich herausgefunden, daß Peptid 401, eine Komponente des Bienengifts, arthritische Entzündungen hundertmal wirksamer lindert als Hydrocortison, das Steroid-Medikament, das bei der konventionellen Behandlung in der Regel angewendet wird. Außerdem hat es keine der unangenehmen Nebenwirkungen der Steroide.

Oben: *Der Maulbeerseidenspinner Bombyx mori ist jetzt ebenso domestiziert, wie eine Milchkuh, da es keine wilden Bestände mehr gibt. Hier fressen die Raupen Maulbeerblätter in einer Seidenfarm in Thailand.*

PARANÜSSE BRAUCHEN ORCHIDEEN BRAUCHEN BIENEN

Der Paranußbaum *Bertholetia excelsa* wächst in den Tropenwäldern Amazoniens in Brasilien und Bolivien bis zu 40 Meter hoch. Da jeder Baum erst mit 30 bis 40 Jahren blüht und fruchtet, war es bisher nicht möglich, ihn in Plantagen zu kultivieren: Unsere Weihnachtsnüsse stammen von wilden Bäumen und sind vom Waldboden aufgelesen. Mit Hilfe der Pfropftechnik hat man Bäume auch schon innerhalb von 10 bis 14 Jahren zum Blühen und Fruchten gebracht, aber die kleinen Plantagen, die mit dieser Praxis arbeiteten, hatten nur kärgliche Erträge; das Umfeld der Plantagen ist der Bestäubung nicht gerade förderlich.
Die Blüten der Paranuß sind selbststeril, das heißt, sie können nur von Pollen eines anderen Baumes befruchtet werden. Paranußbäume werden von großen, schnellfliegenden, langzüngigen Bienen bestäubt: von den Weibchen der Gattungen *Euglossa*, *Eulaema* und *Eufresia*. Diese Prachtbienen glänzen metallischgrün, -blau oder -golden. Sie sind »Langstrecken-Bestäuber« und legen auf einem Ausflug bis zu 30 Kilometer zurück. Das macht sie zu idealen Bestäubern tropischer Waldbäume, nicht zuletzt wegen einer Besonderheit dieser Wälder: Zwar ist die Arten*vielfalt* der Bäume mit bis zu 275 Arten pro Hektar hoch, aber damit geht eine niedrige Arten*dichte* einher. Zwei Vertreter derselben Art können ein bis drei Kilometer voneinander entfernt stehen.
Aber die Geschichte von der Paranuß ist noch komplizierter: Männliche Prachtbienen werden von Orchideen angelockt. Die Orchideen produzieren keinen Nektar, und ihr Pollen ist für die Bienen nicht brauchbar, weil er in Päckchen angeboten wird, mit denen sie nicht umgehen können. Dafür belohnen die Orchideen die Bienenmännchen mit Duftölen. Diese Öle speichern die Bienen in einem Spezialgewebe an ihren vergrößerten Hinterbeinen. Prachtbienenweibchen werden von den Orchideen nicht angelockt.
Man nimmt an, daß die Bienen die Orchideenöle in Düfte umwandeln, die für die Weibchen attraktiv sind. Möglicherweise locken die Männchen einiger Prachtbienenarten mit dem Duft auch andere Männchen an, um eine Gruppenbalz zu veranstalten, die wiederum Weibchen anlockt.
Die Beziehung zu den Orchideen ist keineswegs einseitig: Während das Prachtbienenmännchen nach Öltropfen sucht,

Rechts: *Eine metallisch-grüne Prachtbiene der Gattung* Euglossa *fliegt eine Orchidee an, um Düfte zu sammeln, die sie in ihren Hinterbeinen speichert.*

VON INSEKTEN UND MENSCHEN · 211

deponiert die Orchidee ein Paar der Pollenpäckchen oder Pollinia auf seinem Körper. Wenn das Männchen eine andere Blume derselben Art besucht, bleiben die Pollinia an den empfänglichen weiblichen Blütenteilen haften. Jede Orchideenart hat ihre eigene unverwechselbare Duftmischung und lockt nur ein begrenztes spezialisiertes Spektrum von Männchen der regionalen Prachtbienenfauna an. Auf diese Weise verringert jede Orchideenart das Risiko, sich mit einer anderen, nahe verwandten Art zu kreuzen.

Die Paranußindustrie ist von großer Bedeutung für die Wirtschaft Brasiliens und seiner Nachbarländer. Es werden nicht nur ganze Nüsse exportiert; sie liefern auch ein Öl für die Herstellung von Kosmetika.

Der Gewinn aus Paranüssen hängt ganz und gar von den Diensten der Bienen ab, die selbst wiederum von der Artenvielfalt der Orchideen als unerläßliche Komponente ihres Geschlechtslebens abhängig sind. Ohne die Orchideen, die selbst wieder auf den Ästen und Stämmen einer Vielzahl von Baumarten wachsen, könnten Paranüsse nicht bestäubt werden. Die kläglichen Erträge der wenigen Paranußplantagen könnten darauf zurückzuführen sein, daß die Artenvielfalt an Orchideen für die Bienen zu niedrig war – aber etwas anderes hätte man in Beständen einer einzigen Baumart derselben Altersstufe auch nicht erwartet.

Tropische Landwirtschaft und Forstwirtschaft im großen Stil haben mit den einheimischen Subsistenzbauern ein Problem gemeinsam: Alle sind in der prekären Lage, sich auf die zufälligen Bestäubungsdienste wilder Bienen verlassen zu müssen, während sie über Schutz und Lebensraumansprüche dieser Bienen nur lückenhaft Bescheid wissen. Die Bestäubung der Paranußbäume wirft wichtige Fragen zur Waldschutzpolitik auf. Wenn ein Reservat eingerichtet werden soll, ist es auch groß genug, um das volle Spektrum bestäubender Insekten zu ernähren, das notwendig wäre, um das Reservat am Leben zu erhalten? Liegt das Reservat so nahe an anderen Urwaldgebieten, daß Bestäuber auf Nahrungssuche es noch erreichen?

Fragen wie diese müssen beantwortet werden. Aber bevor wir das können, müssen wir noch so viel mehr über Insekten und ihre dynamischen Beziehungen zu Pflanzen und anderen Lebewesen wissen. Die Geschichte von der Bestäubung der Paranüsse ist indessen nur *ein* starkes Beispiel dafür, warum ein Verständnis von der Biodiversität und ihrem Schutz auf der Prioritätenliste ganz oben stehen sollte, wenn es darum geht, sich für den Planeten Erde einzusetzen.

UNGELADENE GÄSTE

Insekten haben sich die menschliche Reiselust zunutze gemacht und fahren mit uns per Anhalter in alle Welt. So kam es, daß einige Insektenarten sich in einem fremden Lebensraum wiederfanden, den sie viel besser nutzen konnten als den heimischen. Oft gediehen sie, weil ihre natürlichen Feinde nicht mitgereist waren oder weil sie in ein sehr günstiges Klima geraten waren. Manchmal stellten sich eingewanderte Insekten als Plage heraus; andere haben sich als Segen erwiesen.

Die Wespe *Vespula germanica*, in ganz Europa einschließlich England eine häufige Art, hat ihr Verbreitungsgebiet seit den späten 50er Jahren erheblich erweitert; wahrscheinlich ist das auf das starke Zunehmen des Luftverkehrs zurückzuführen. Soziale Wespen sind potentiell hervorragende Anhalter: Sie haben einen einjährigen Lebenszyklus, und im Herbst, wenn es mit der Kolonie bergab geht, sucht sich die neue Generation befruchteter Königinnen geschützte Stellen zum Überwintern. Wenn wir einmal annehmen, daß diese geschützten Winkel auch hölzerne Paletten sein können, die gerade in den Frachtraum eines Schiffs oder Flugzeugs verladen werden sollen, kann man leicht verstehen, wie Königinnen in alle Welt gelangen. Überwinternde Königinnen repräsentieren die genetische Zukunftsinvestition der Elternkolonie. Es genügt, wenn nur eine Königin den Winter überlebt und ein neues Nest gründet, und schon hat sich diese Investition gelohnt.

Auf diese Weise hat sich *Vespula germanica* Mitte der 60er Jahre in so entlegene Gebiete wie die Insel Ascension im südlichen Atlantik und nach Neuseeland ausgebreitet, wo sie zum erstenmal 1944 beobachtet wurde und jetzt das ganze Land besetzt. Man kennt sie heute in Tasmanien (1959), Südafrika (1972), Chile (1974) und Australien (1977). In den Vereinigten Staaten breitet sie sich ausgehend vom Gebiet um New York, ihrem vermuteten Einwanderungsort, aus.

Im Norden Neuseelands, wo die Wespen mit keinem Winter fertigwerden müssen, durchlaufen die Nester keine Abbauphase und entwickeln sich zu enormer Größe, mit einem Durchmesser von zweieinhalb bis drei Metern. In so großer Zahl sind die Wespen eine echte Plage, und Firmen für Schädlingsvernichtung packen das Problem jetzt mit eigenen Anti-Wespen-Einheiten an.

Auckland, Neuseeland: Anti-Wespen-Einheit im Einsatz

Menschliche Reiselust plus weggeworfene Autoreifen ergeben den idealen Reiseplan für die Mücken der Gattung *Aëdes*, für ihre Einwanderung aus Südostasien in die wärmeren Teile der Vereinigten Staaten. Diese Mücke ist darauf spezialisiert, sich in kleinen kurzlebigen Tümpeln fortzupflanzen. Das bißchen Wasser, das sich in der Schalenhälfte einer Kokosnuß sammelt, genügt ihr. Solche Kleinstgewässer existieren lange genug, daß die Mücke ihren Lebenszyklus vollenden kann. Auch in den Reifen auf Deponien sammelt sich Wasser, in denen sich die Mücken vermehren können. Reifendeponien liegen oft in den städtischen Randbezirken. Flughäfen ebenfalls. Befruchtete *Aëdes*-Weibchen müssen einen Flug in die südlichen USA genom-men haben, wo schon Reifendeponien mit winzigen Tümpelchen auf sie warteten. In Südostasien übertragen diese Mücken gewisse Krankheiten, aber glücklicherweise scheinen es infizierte Mücken noch nicht bis in die Vereinigten Staaten geschafft zu haben. Trotzdem vermehren sich die Mücken massenhaft und sind als Blutsauger ein echtes Ärgernis. Zum Glück gibt es in Südostasien noch eine Mücke der Gattung *Toxorhynchites*, deren Larven sich in denselben kurzlebigen Tümpeln wie die *Aëdes*-Larven entwickeln und die *Aëdes*-Larven verspeisen. Sie werden derzeit als biologische Schädlingsbekämpfer in die USA eingeführt.

Ein anderer Einwanderer in die Neue Welt hat sich als höchst nützlich erwiesen: die Alfalfa-Blattschneiderbiene *Megachile rotundata* aus den Steppen Osteuropas und Zentral- und Südwestasiens. Diese Art nistet im Totholz in alten Käferlöchern oder in hohlen Pflanzenstengeln. Niemand weiß, wie diese kleine Biene in die USA gelangt ist. Holzstücke mit besetzten Nestern müssen durch menschliche Vermittlung dorthin gelangt sein. Für die Bauern war das ein glücklicher Zufall. Alfalfa (Luzerne) ist die viertwertvollste Kulturpflanze Nordamerikas und dient als Viehfutter. Honigbienen sind sehr schlechte Bestäuber, aber *Megachile rotundata* ist darauf spezialisiert und wird jetzt für die Alfalfa-Bestäubung kommerziell gezüchtet.

MIT INSEKTEN AUF DEN SPUREN
DER VERGANGENHEIT

Archäologen haben ihr Interesse für Entomologie entdeckt, weil die Kutikula der Insekten so widerstandsfähig ist, daß sie die Jahrhunderte überdauert und weil Insektenüberreste an archäologischen Ausgrabungsstätten manchmal sehr häufig sind – sie können genauso brauchbare Hinweise geben wie menschengemachte Gegenstände. Wenn man die betreffenden Arten bestimmt, kann man ein Insektenprofil der untersuchten Stelle entwerfen. Weil Insekten oft mit bestimmten Pflanzenarten – auch mit Kulturpflanzen – in hochspezifischen Beziehungen stehen, läßt sich aus den Überresten von Insekten herleiten, wie hier vor langer Zeit die regionale Pflanzenwelt und das Klima ausgesehen haben und welche landwirtschaftlichen Praktiken damals üblich waren.

Die Überreste von Insekten sind auch in Torfmooren des Pleistozän häufig zu finden und auch hier geben sie wertvolle Hinweise über das regionale Klima und die Pflanzendecke.

Gerichtswissenschaftler beziehen sich immer öfter auf Insekten, wenn sie ein Verbrechen aufzuklären versuchen. Insektenreste in illegal importiertem Cannabis geben zum Beispiel wertvolle Hinweise über die Herkunft der Droge, und manchmal kann man sogar auf den Importweg schlußfolgern.

Insekten, die Aas fressen und sich darin vermehren, können besonders bei der Aufklärung von Morden eine große Hilfe sein. Wenn sich eine Leiche zersetzt, durchläuft sie eine bestimmte Abfolge von Stadien, deren Eintrittszeitpunkt und Dauer von Temperatur, Feuchtigkeit und Lichtverhältnissen abhängt. Jedes Stadium ist von einer bestimmten Zusammensetzung von Insektenarten gekennzeichnet, von einer spezifischen Mischung aus Fliegen und Käfern.

Wird ein menschlicher Leichnam unter suspekten Umständen gefunden, kann die vorgefundene Insektenfauna sehr aufschlußreich sein. Aus Alter und Größe der Fliegenlarven kann man ungefähr auf den Todeszeitpunkt schließen. Die Arten selbst können weitere entscheidende Hinweise geben. Einige Aasfliegen zum Beispiel legen ihre Eier nur in direktem Sonnenlicht, andere nur im Schatten. Die Artenzusammensetzung kann also zeigen, ob der Leichnam nach dem Tod fortgeschafft worden ist; sie kann folglich der erste Hinweis auf einen Mord sein.

ETWAS INSEKTENSTATISTIK – LEBENSWICHTIG
FÜR DEN PLANETEN ERDE

Die Tendenz der Insekten zum Superspezialistentum sollte uns wachsam für die Tatsache machen, daß wir mehr über die komplizierten Beziehungen zwischen Insekten und der übrigen belebten Welt wissen müssen, nicht zuletzt deshalb, weil wir sogar noch mehr auf die zufallsabhängigen ökologischen Dienstleistungen der Insektenfauna angewiesen sind: Sie spielen eine zentrale Rolle in der Dynamik ganzer Ökoksysteme.

Ohne Insekten würden wir in Pflanzenstreu und Tierleichen ertrinken. Natürlich müssen Insekten ihre Aufgaben nicht allein bewältigen: Sie arbeiten Hand in Hand mit Bakterien und Pilzen. Trotzdem sind sie lebenswichtige Bindeglieder jener Prozesse, die dem Boden die Nährstoffe zurückgeben, und sie spielen besonders als Pflanzenfresser eine wichtige Rolle: Insekten sind die wichtigsten Pflanzenfresser der Erde. Fünfzig Prozent aller grünen Pflanzenmasse wird irgendwann von Insekten verspeist und zu Nährstoffen abgebaut. In nordamerikanischen Wäldern wälzen Ameisen mehr Boden um als Regenwürmer.

Insekten sind in fast allen Landlebensräumen die wichtigsten Räuber der mittleren Stufe (Fleischfresser, die von Pflanzenfressern leben). Sie haben einen größeren Fleischdurchsatz als alle großen Fleischfresser – Krokodile und Alligatoren, Löwen, Tiger und Wölfe – zusammengenommen.

Die ökologische Wirkung der Insekten hat atemberaubende Ausmaße: Ein großer Schwarm afrikanischer Wüstenheuschrecken, *Schistocerca gregaria*, frißt täglich eine Nahrungsmenge, die viermal mehr wiegt als das, was in derselben Zeit von der Bevölkerung von New York oder Groß-London verzehrt wird. Die Honigbienen, die vom Menschen aus der Alten Welt in die südamerikanischen Tropen gebracht wurden, verfrachten pro Jahr 21 Millionen Tonnen Pollen und 23 Millionen Tonnen Nektar; dabei steigern sie noch die Bestäubungsleistung der einheimischen Bienenfauna. Das hat auch noch ästhetische Konsequenzen: Das Aussehen unseres Planeten ist zum Großteil das direkte Ergebnis der Wechselwirkungen zwischen den Blütenpflanzen und den Insekten, die sie bestäuben.

Aus der Sicht des Menschen allerdings sind Insekten nicht nur ein positves Phänomen: Als die wichtigsten Pflanzenfresser sind sie unsere unmittelbaren Nahrungskonkurrenten. Auch heute noch kann dem Heuschreckenschwarm die Hungersnot folgen. Und Millionen von Menschen sterben jedes Jahr an Krankheiten wie Malaria, die von Insekten übertragen werden. Tatsächlich leidet einer von sechs Menschen an einer von Insekten übertragenen Krankheit.

Trotzdem müssen wir die Insekten erhalten. Das bedeutet im Grunde, daß wir Lebensräume erhalten müssen. Zwar wären schon die ästhetischen Argumente Grund genug für ökologische Besorgnis, aber unsere Motivation sollte auch aus einem aufgeklärten Eigeninteresse kommen: Wenn wir erkennen, daß wir letztendlich auf Insekten angewiesen sind, geben wir auch zu, daß wir uns auf die Erhaltung der Biodiversität verlassen. Uns bleiben noch viele nützliche Insekten und Insektenprodukte zu entdecken, besonders an den

Rechts: Eine Heuschrecke in Warnfärbung, Poekilocerus vittatus *(Saudi-Arabien) hat sich auf einer Iris niedergelassen.*

Kulminationspunkten der Biodiversität, den tropischen Regenwäldern. Tatsächlich leben vier Fünftel aller bekannten Pflanzenarten und die Hälfte aller bekannten Tierarten in den Wäldern der feuchten Tropen.

Unglücklicherweise handeln wir nicht in Übereinstimmung mit diesem Wissen. Nicht einmal die Hälfte der ursprünglich 16 Millionen Quadratkilometer tropischer Regenwälder hat bis heute überlebt. Wenn das jetzige Vernichtungstempo so weitergeht, werden die Wälder Amazoniens in 40 Jahren völlig verschwunden sein. Die Wälder Nigerias werden derzeit abgeholzt. Von den 56 Ländern, die traditionell Luxushölzer in die überentwickelte Welt exportierten, sind heute 23 Netto-Holzimporteure. Wir plündern den Planeten schneller, als unser Wissen darüber zunimmt, wie er funktioniert. Und jedes verlorene Waldstück bedeutet den Verlust einer weiteren Gelegenheit, mehr über die lebenserhaltenden Beziehungen zwischen Insekten und anderen Lebewesen zu erfahren.

Wir können das dichte Netzwerk der Beziehungen zwischen lebenden Organismen als ein höchst komplexes Stück Architektur betrachten. Innerhalb dieser Struktur besetzen die Insekten Schlüsselpositionen: Entfernen wir sie, so wird das ganze Gebäude zusammenbrechen. Das bringt uns wieder dorthin zurück, wo wir begonnen haben: zu den Dinosauriern und den Menschen, denen die Insekten freundlicherweise gestatten zu leben. Es ist wortwörtlich so. Unsere Ahnen in Afrika konnten die Möglichkeiten von Lebensräumen nutzen, die zum großen Teil durch die Wechselwirkungen zwischen Insekten und Pflanzen entstanden sind und von ihnen erhalten wurden. All das, was wir für menschlich halten, ist erst durch diese fundamentale Tatsache über das Leben auf Erden möglich geworden.

Insekten haben ein gebieterisches Auftreten von einer Art, die sehr stark nach Erfolg riecht. Und wenn wir weiterhin von diesem Erfolgskurs profitieren wollen, sollte die Erhaltung der Insekten und ihrer Lebensräume oberste Priorität haben.

Es ist ein beunruhigender Gedanke, daß die Insekten und der übrige Planet ausgezeichnet ohne uns überleben können, aber wir können nicht ohne sie überleben.

WEITERFÜHRENDE LITERATUR

H. Bellmann, *Heuschrecken beobachten und bestimmen*, Neumann-Neudamm, Melsungen (1985)

Ders., *Libellen beobachten und bestimmen*, Neumann-Neudamm, Melsungen (1987)

K. Dumpert, *Das Sozialleben der Ameisen*, Parey, Hamburg (1978)

J.-H. Fabre, *Wunder des Lebendigen*, Artemis, Zürich (1989)

G. Grimm, *Die Honigmacher*, Ehrenwirth, München (1991)

E. von Hagen, *Hummeln bestimmen, ansiedeln, vermehren und schützen*, Neumann-Neudamm, Melsungen (1986)

W. Jacobs, und M. Renner, *Biologie und Ökologie der Insekten*, 2.Auflage, Gustav Fischer, Stuttgart (1988)

B. Klausnitzer, *Insekten – Biologie und Naturgeschichte*, A. Müller, Rüschlikon/Zürich (1987)

Ders., *Wunderwelt der Käfer*, Edition Leipzig, Leipzig (1981)

G.C. McGavin, *Insects of the Northern Hemisphere*, Dragon's World, Limpsfield & London (1992).

Ders., *The Pocket Guide to Insects of the Northern Hemisphere*, Dragon's World, Limpsfield & London (1992).

Ders., *Bugs of the World*, Blandford Press – Cassell, London (1993)

C. O'Toole, *Insects in Camera: A Photographic Essay on Behaviour*, Oxford University Press, Oxford (1985).

Ders. (Hrsg.), *The Encyclopaedia of Insects*, Unwin Animal Library Vol.6, Allen & Unwin, London (1986).

C. O'Toole und A. Raw, *Bees of the World*, Blandford Press-Cassell, London (1991).

K. Preston-Mafham, *Grasshoppers and Mantids of the World*, Blandford Press - Cassell, London (1990).

R. Preston-Mafham und K. Preston-Mafham, *Butterflies of the World*, Blandford Press, London (1988).

F. Sauer, *Raupe und Schmetterling nach Farbfotos erkannt*, Sauers Naturführer, 4. Auflage, Fauna, Karlsfeld (1988)

Wildbienen – Wehrhafte Blumenkinder, Landbuch, Hannover (1988)

A. Wootton, *Insects of the World*, Blandford Press, Poole (1984).

BILDNACHWEIS

Bezeichnung: l – links, ol – oben links, r – rechts, or – oben rechts, o – oben, ul – unten links,
u – unten, ur – unten rechts, m – Mitte.

Alle Fotografien sind von Ken Preston-Mafham der Premafotos Wildlife,
ausgenommen die folgenden:

Ardea S. 209 (o, John Wightman); Rupert Barrington, Seiten 33, 119, 136 (ol,or), 137 (o,u), 158 (l), 206 (o,u), 209(u) und 212; BBC Seiten 19 (r), 24 (u), 32 (l,r), 44 (l), 48 (o), 50 und 194 (Science Pictures); Bruce Coleman Seiten 8 (D. und R. Sullivan), 68 (Gerald Cubitt), 150-1 (Michael Fogden), 169 (Frieder Sauer), 176-77, 180 (Michael Fogden) und 215 (E. Bjurstrom); FLPA S. 35 (l); Brian Kenney Seiten 10, 29, 37 (alle), 56, 75 (o), 82 (l,r), 83, 115, 118 (o), 131 (ur), 136 (ul), und 138; S.L. Montgomery S. 84; Natural Science Photos Seiten 103 (Richard Revels) und 111 (P.H. und S.L. Ward); NHPA Seiten 18 - 19 (James Carmichael), 62-3 (Stephen Dalton), 100 (o, Hellio und Van Ingen), 113 (u, Anthony Bannister), 114 (Stephen Dalton), 158 (r), 179 und 189-9 (Anthony Bannister);Christopher O'Toole S. 182 (l); Oxford Scientific Films Seiten 24-5 (Tim Shepherd), 34 (Peter Parks), 35 (r, Peter Parks), 38 (Harold Taylor, 49 (r, Gary Retherford, Photo Researchers), 69 (Paul Franklin), 71 (ur, Philip Sharpe), 80 (Tony Allen, 89 (Mantis Wildlife Films), 90 (o, Michael Fogden; m, C. Wilkins, 99 (Tim Shepherd), 100 (u, London Scientific Films), 101 (London Scientific Films), 112 (ur, J.A.L. Cooke), 124 (Michael Fogden), 125 (Kathie Atkinson), 134-5 (Frank Schneidermeyer), 157 (Gordon Maclean), 158 (u, Neil Bromhall), 188 (Carolina Biological Supply Co.), 193 (John Downer) und 196 (Sean Morris); Andy Perkins (Troll) S. 208 (alle); Science Pictures S. 54 (l).

Computergrafik Seiten 24 und 194 von Science Pictures.

REGISTER

Kursivierte Seitenzahlen verweisen auf Bildlegenden

Aasfliege *Tetanocera hyalipennis* 118
Aasfresser 118f.
Aaskäfer 47
Abdomen 20, *22*, 51
Abwehrstoffe der Pflanzen, chemische 93
Acacia-Baum 108f.
Afrikanische Mücke *Polypedilum vanderplanckii* 26
Afrikanische Treiberameise *Dorylus nigricans* 197
Afrikanische Wüstenheuschrecke *Schistocerca gregaria* 11, *100*f., 214
Agelia petali-Käfer *143*
Air-Condition in Nestern 194f.
Alfalfa-Blattschneiderbiene *Megachile rotundata* 212
Allesfresser 118f.
Ameise 47, 80, 181, 192–197
Ameisen und Passionsblume *Passiflora incarnata* 104, 108
Arbeiterinnen 197
Blattschneiderameise *Atta bisphaerica* 90, 196
Chemische Verteidigung, Ameisensäure 138, 146
Feuerameise *Solenopsis* 118
Honigtopf-Ameisen 206
Mimikry 146
Mundwerkzeuge 88, *90*
Pseudomyrmex-Ameisen und *Acadia*-Baum 108f.
Rote Waldameise *Formica rufa* 110
Treiberameisen *Eciton burcelli* 197
Waldameise *Formica polyctena* 110
Weberameise *Oecophylla smaragdina* 197, *200*
Amerikanische Schabe *Periplaneta americana* 118
Amerikanischer »Salt marsh moth«-Falter *Estigmene acrea* 169
Amerikanischer Schwalbenschwanzschmetterling *Papilio polyxenes*, Metamorphose *37*

Anatomie 22f.
Abdomen 20
Antennen 20
Atmung 17, 23
Blutkreislauf 23
Facettenauge 23
Kopf 20, *23*
Malpighische Gefäße 20, *22*, 24
Nervensystem 22
Thorax 20
Trachee *24*
Verdauungssystem 22
Antennen 20, 42, *46*, 47ff., *51*
Archäologische Bedeutung der Insekten 213
Artenschutzethik 9
Artenvielfalt 11
Arthritis und Bienengift 209
Asiatische Mottenart *Lobocraspis griseifusa* 26
Asselspinner *139*
Augenflecken auf Flügeln 136f.
Augenspinner
Gonimbrasia tyrrhea 137
Loepa katincka 136
Reucanella leucane 137
Austrocknung 26

Balzrituale 156
Bärenspinner *Dysschema irene* 144
Bates, Henry 142
Batessche Mimikry 141ff., 144
Baumwoll-Färber-Wanzen *Dysdercus* 152, 202
Beine 64–72
Beinmuskeln 68
Fangbeine 116
Vielfalt 70f.
Beltsche Körperchen 109
p-Benzochinon 140f.
Biene 47, 49, *113*, 159ff., 183, 185f., 207, 210
s.a. Solitärbiene, Wespe, Eigennamen
Alfalfa-Blattschneiderbiene *Megachile rotundata* 212
Andrena 183
Anthidium manicatum 160f.
Apis mellifera 113

Arbeiterin 11, 182, 186, 188
Bienengift 138, 187f., 209
Bienenkönigin 121, 187, 192
Blattschneiderbiene *Megachile* 107, 182f.
Colletes cunicularius 159
Eufresia 210
Eulaema 185, 210
Eusoziale Bienen 185–192
Evolution 106f.
Flügelschlagrate 75
Furchenbiene 168, 185
Halictus 185
Holzbiene *73*, *107*, 184
Honigbiene 51, *58*, 58, *146*, 181, 186, *187*, 208, *209*, 214
Hummel *Bombus terrestris* 88, 92, 161, *185*, 186, 207
Keulhornbiene 184
kommunale 181
Kuckucksbiene 183
Mauerbiene 182, *183*
Melipona 186
Mundwerkzeuge 88
Nestarchitektur 182
Nomada 183
Prachtbiene *Euglossa* 210, *210*f.
quasisoziale Bienen 184
Sandbiene *Andrena fulva* 207
semisoziale Bienen 184
solitäre Bienen *106*, 159, 160f., 182
soziale Bienen 181–190
Sozialverhalten 181–190
Stachel einer Bienenarbeiterin *188*
Subsoziale Biene 184f.
Tanzsprache 58f.
Territorialität 160f.
Trigona 186
Bienenfresser (Vogelart) 148
Birkenspanner *130*
Biston betularia 34, 34f., *35*, 38
Biston carbonaria 34f., *35*, 38
Black-headed oriole (Vogel) 149

Blasenkäfer *Mylabris oculata* 143
Blattkäfer
Chrysomelidae 93
Doryphora testudo 171
Omaspides 175
Pladiodera versicolora 93
Blattläuse 93
Macrosiphon albifons 200
Blattnachahmer 128, 132f.
Blattschneiderbiene *Megachile* 107, 182f.
Blattwespen *Croesus septentrionalis* 98
Blumenkäfer *Genyodonta flavomaculata* 70
Blutrote Heidelibellen *Sympetrum sanguineum* 172
Blutsauger 112f.
Bockkäfer *Sternotomis variabilis* 171
Bockkäfer, afrikanischer *Tragocephala variegata* 76
Bombardierkäfer *Brachinus* 140
Brautgeschenke 154f.
Brutparasit 183
Brutpflege *174*, 174f.
Buckelfliege *Megaselia scalaris* 26
Buckelzirpe
Antianthe expansa 92
Umbonia crassicornis 11, 131
Umbonia spinosa 128

Ceroplastes sinensis 118
Chitin 15, 17, 32, 50

Darmsymbionten 181, 192
Darwin, Charles 28f., 33f., 38, 188
Deckflügel 76, 80
Dendriten *48*
Diamphidia nigroarrata 140
Dickkopffalter *Jemaida* 79
Diploid 33
Distelfalter *Vanessa cardui* 81
Dreifüßlergang 68
Duftdetektoren 50

Eichelbohrer *Balaninus glandium* 99

Eichenseidenspinner
Antheraea roylei 136
Eidechse *Muroles cuneirostris
64*
Eier 32f.
Entwicklung vom Ei zum
Insekt 36f.
Schmetterlingseier *32*
Eintagsfliegen 73, 156
Endokuticula 17
Entwicklung vom Ei zum
Insekt 36f.
Erdhummel *Bombus terrestris
185*
Erdnußwanzen *Laternaria
laternaria 136*
Eulenfalter *Agrotis infusa* 81
Europäische Eichenschrecke
Meconema thalassinum
110
Evolution der Insekten
26–38
Exoskelett 15, 17, 20

Falter
Anea itis 133
Colobura dirce 102
Dickkopffalter *Jemaida 79*
Distelfalter *Vanessa cardui*
81
Eulenfalter *Agrotis infusa*
81
Fleckenfalter *Eresia eunice
144*
Nachtfalter *48, 128, 130,
167*
Nachtfalter *Diposophecia
scopigera 168*
Nachtfalterraupe
Apopestes spectrum 70
Nymphalide 102
Prepona antimache 132
Fangmaske der Libellenlarven
114f., *114*
Faultier-Motten 72
Feldheuschrecken 164
Feldmaikäfer *Melolontha
melolontha 49*
Feldwespe *Polistes* 58, 190f.
Femurs 69
Fleckenfalter *Eresia eunice
144*
Fledermäuse 125, 141
Fleischfliegen 47
Fliegen
Buckelfliege *Megaselia
scalaris 26*
Desmometopa 119

Fleischfliegen 47
Fruchtfliegen 85
Gemeine Skorpionsfliege
Panorpa communis 118,
154
Köcherfliege 114
Milichidae 113
Musca vetustissima 205
Schnabelfliegen *Mecoptera*
154
Schwebefliegen
Eristalis tenax 146
Syrpus ribesi 146
Volucella bombylans 147
Steinfliegen 73
Stielaugenfliegen 158, *158*
Tanzfliegen 154f.
Tsetse-Fliege *Glossina
morsitans 113, 113*
Weiße Gewächshausfliege
*Trialeurodes vaporarium
201, 204*
Floh
Katzenfloh
Ctenocephalides felis 69
Pulex irritans 121
Flügel 73–80
Flugmuskel
direkter 74
indirekter 74f.
Flugsaurier *Pterodactyla* 76
Flugtechnik 74f.
Flugverkehr, Verbreitung
durch 212
Frisch, Karl von 58f.
Frostschutz der Insekten 26
Fruchtfliegen 85
Frühe Adonislibelle
Pyrrhosoma nymphula
110
Fühlen 50f.
Furchenbiene 168
Halictus 185
Lasioglossum 185

Gallwespen *Cynipidae* 104
Gameten (Geschlechtszellen)
29
Gefurchter Lappenrüssler
*Otiorrhynchus sulcatus
202*
Gehirn 56–61
Erinnerungsvermögen 57
Informationsverarbeitung
56
Gelbrandkäfer 69
Gelée royale 187
Gemeine Skorpionsfliege

Panorpa communis 118,
154
Gemeiner Rückenschwimmer
Notonecta glauca 124
Genitalien 152, 152
Geschmackssensoren 50
Gespenstschrecke *Phyllium
bioculatum 133*
Giraffenrüssler
Trachelophorus giraffa 79
Glühwürmchen 168
Goldafter *Euproctis
chrysorrhoea 138*
Gottesanbeterin 47, 70, *71*, 84,
125
Acontista 116
Empusa pennata 49
*Parasphendale agrionina
65*
Phyllocrania illudens 131
Polyspilota aeruginosa 2
*Tarachodula pantherina
175*
Vates 46
Grabwespe *Sphecidae* 107
Grashüpfer 51, 164
Grille
Gryllus integer 167f.
Nisitrus 161
Phaephilacris 51
Grillenschaben *Grylloblat
tidae 26*
Große Goldschrecke
Chrysocharaon dispar 168
Große Heidelibelle
Sympetrum striolatum 20
Große Königslibelle *Anax
imperator 159*
Großer Kohlweißling *Pieris
brassicae 204*
Großlibelle
Aeschna 114
Celithemis eponina 75
Trithemis arteriosa
Abdomen 26
Großtierökologie 103
Gruppenbalz 168f.

Haar (Seta) *48, 50, 50*
Haplo-Diploidie
(Geschlechterbestimmung)
188
Haploid 33
Harlekinkäfer *Acrocinus
longimanus 63, 90*
Hautflügler *s.a.* Ameisen,
Bienen, Wespen 188
Hawaii, Insel 85

Hawaiianischer Nachtfalter
Eupithecia oricloris 84
Heidelibelle, blutrote *172*
Heidelibelle, Große 21
Heliconiidae-Falter *Heliconius
erato favorinus 79*
Heliconius isabella 144
Herkuleskäfer *Dynastes
hercules 20*
Heuschrecke 36, 64, 69
Chromacris colorata 93
Lubber-Heuschrecken 149
Nymphe *Tropidacris
cristatus 141*
*Phymateus morbillosus
149*
Poekilocerus vittatus 214
Romalea 148
Schwärme 100f.
Sprunggelenke 69, 71
Trachypetrella 130
Truxalis 123
Zonocerus elegans 71
Hirschkäfer *Lucanus cervus*
158, *158*
Hochzeitsgeschenke 152
Holzbiene *Xylocopa* 73, 107,
184
Honig 208
Honigernte in Nepal 208
kommerzielle Nutzung
209
Honigbiene 51, *58*, 58, 146,
181, 186, 187, 208, 209, 214
Arbeiterinnen 51
Eusoziales Verhalten
186–192
Propolis 186
Tanzsprache 58f., 187
Hören 51–56, 125
Hornisse
Dolichovespula 186
Vespa 186
Vespula 186
Hörsystem 55, *55*
Hufeisen-Azurjungfern
Coenagrion puella 173
Hummel
Bombus hortorum 106
Bombus lucorum 147
Bombus terrestris 88, 92,
161, *185*, 186, 207
Erdhummel *Bombus
terrestris 185*

Industrielle Revolution und
Birkenspanner 34f.
Insekten

Apterygota (flügellose
Insekten) 38, 39
Artenvielfalt, Schätzzahlen
38
Ausbreitung 80–85
Biomasse 11
Chemische Verteidigung
141
fleischfressende 110–120
aktive Räuber 110–114
Größenspektrum 20
Hemimetabole 36
Holometabole 36
Intelligenz 61f.
als Nahrung 206
optische
Verteidigungstricks 130
Pterygota (Fluginsekten)
38, 39
schnellste 75
Sinnesorgane 42
Wachstum 17,. 36f.
Zeitgefühl 42
Insektenfraß an Pflanzen,
Statistiken 102
Insektizide 200, 202, 205
Intelligenz 61f.

Jersey Tigermotten *Euplagia
quadripunctaria* 80f.
Johnstonsche Organe 51

Käfer *s.a.* Eigennamen
Aaskäfer 47
Agelia petali 143
Beine der 64f., 90
Blasenkäfer *Mylabris
oculata* 143
Blattkäfer *93, 93, 171*, 175
Blumenkäfer *Genyodonta
flavomaculata* 70
Bockkäfer *76, 171*
Bombardierkäfer 140
Feldmaikäfer *49*
Flügel 76, 80
Gelbrandkäfer *Dytiscus
marginalis* 69
Glühwürmchen *Photuris*
168
Harlekinkäfer *63, 90*
Herkuleskäfer 20
Hirschkäfer *Lucanus
cervus 158, 158*
Käferlarve *Dulticola* 15
Kartoffelkäfer
Leptinotarsa decemlineata
202
Konkurrenzkämpfe 158

Kurzflüglerkäfer
Oxyporus japonicus 178
Laufkäfer *Carabus* 68
Leistotrophus versicolor
80, 119f.
Maiskäfer *Astylus
atromaculatus 201*
Marienkäfer 81, 96, 139,
140, 199
Reflexbluten 140
Mistkäfer 70
Nashornkäfer *158*
Pilzkäfer *Pselaphicus
giganteus 174, 174f.*
Rüsselkäfer *Rhina
barbirostris* 90
Sandlaufkäfer *29, 64f.*
Schwarzkäfer *28, 64, 65, 70*
Schwimmkäfer *Dytiscus*
69f., 80
Siebenpunkt-Marienkäfer
Coccinella septempunctata
26
Gefrierschutz *26*
Sozialverhalten 178—181
Spanische Fliege *Lytta
vesicatoria* 139
Speckkäfer *Anthrenus* 122
Ulmensplintkäfer *Scolytus
scolytus* 103
Warnfärbung und
Mimikry *143*
Weichkäfer *Rhagonycha
fulva 156, 156*
Weihnachtskäfer
Anoplognathus 92
Wüstenschwarzkäfer 68
Kartoffelkäfer *Leptinotarsa
decemlineata* 202
Katzenfloh *Ctenocephalides
felis* 69
Kenianische Heuschrecke
Parasphena 13
Keulhornbiene
Allodape 184
Ceratina 184
Klee *Trifolium* und
Schmetterlingsraupen 98
Kleiderlaus *Pediculus
humanus* 72
Köcherfliege 114
Kohlmotte *Plutella
maculipennis* 81
Kompaßtermite *Amitermes
meridionalis* 194
Komplexauge *42f., 44,* 47
Kopf 20, *23*
Kopflaus *Pediculus capitis* 72

Krakatau-Insel 85
Kuckucksbiene 183
Kurzflügler *Paederus* 139
Kurzflüglerkäfer *Oxyporus
japonicus* 178
Kutikula 15, 17, 36, 42
Aufbau der 17

Landwanze *Elasmucha grisea*
175
Langrüssler 158
Larve 36
Laternenträger *Pyrops* 76
Laubheuschrecke 54, 56, 110,
124
Acrometopa 41
Amblycoypha floridiana 9
Euconocephalus 88
Hörsystem 55
Macrocentron 104
Phylloptera 128
Stilpnochlora incissa 55
Lauerjäger 114–116
Laufkäfer *Carabus* 68
Läuse 72
Filzlaus *Pthirus pubis* 72
Kleiderlaus *Pediculus
humanus* 72
Kopflaus *Pediculus capitis*
72
Schildlaus 109
Dactylopius coccus 109,
209
Kerria lacca 209
Lavagrillen *Caconemobius* 84
Libelle 2, 47, 56, 74, 110, 159
Aphylla williamsi 56
Blutrote Heidelibellen
Sympetrum sanguineum
172
Frühe Adonislibelle
Pyrrhosoma nymphula
110
Große Heidelibelle
Sympetrum striolatum 20
Große Königslibelle *Anax
imperator* 159
Großlibelle *Aeschna* 114
Großlibelle *Trithemis
arteriosa* 26
Abdomen *26*
Hufeisen-Azurjungfern
Coenagrion puella 173
Kopulationsrad *172*, 173
Megaloprepus coerulatus
114
Orethrum julia 44
Paarung 172f.

Spermienverdrängung 171
Libellenlarven *114*
Fangmaske 114f., *114*
Licht
Schwingungsebene des
polarisierten 46, 57f.
Wahrnehmung 42
Linalool 159
Loggerhead shrikes (Vogel)
149
Lubber-Heuschrecken 149
Luftverschmutzung 34f.

Maiskäfer *Astylus
atromaculatus 201*
Malpighische Gefäße 20, 22,
24
Malvenblüte *Malva silvestris*
185
Mantiden *siehe*
Gottesanbeterin
Mantis *Acanthops falcata*
132
Marienkäfer
Coccinella septumpunctata
139, *140*
Epilachna cucurbitae 96
Epilachna dregei 199
Hippodamia convergens 81
Reflexbluten 140
Massenwanderung 81
Matron 171
Mauerbiene 182, *183*
Maulbeerseidenspinner
Bombyx mori 209
Maulwurfsgrille *Scrapteriscus
vicinus* 70, *71*, 202, 204
Maylaysianischer
Nachtschmetterling
Carniola 132
Mecanitis isthmia 144
Meiose 32
Mendel, Gregor 29, 34
Metamorphose
unvollständige 36
vollständige 36
Mimikry 128–133, 141
Mistkäfer 70
Onthophagus ferox 205,
205, 207
Monarch-Schmetterling
Danaus plexippus 81, 82f.,
82f., 149
Wanderung des 82f., *82f.*
Mopane Emperor Motte
Imprasia belina 102
Mopane-Nachtpfauenauge
Imbrasia belina 206

Mopaneraupen 103
Mopanewürmer 102
Morphofalter *Morpho pelaides* 17, *19*
Motten 119
Mücken
    Aëdes-Mücke 113, 212
    Anopheles-Mücke 113
    Flügelschlagrate 75
    Pilzmücke *Arachnocampa flava* 120, *121*
    Toxorhynchites 212
Müller, Fritz 144
Müllersche Mimikry 144
Mundwerkzeuge 88, 90f.
    Formenvielfalt 90f.

Nachtfalter *48*, *128*, *130*, 167
Diposophecia scopigera 168
Nachtfalterraupe *Apopestes spectrum* 70
Nachtpfauenauge 87
    Antheraea eucalypti 65
    Rothschildia 48
    Saturnia pavonia 167
Nachtschmetterling 47, 49, 167
    Brauner Bär *Arctia caja* 141
    Calpe eustrigata 26
Nahrungsaufnahme 88–92
Nashornkäfer *158*
Nashornschabe
    Macropanesthia rhinoceros 180
Nepal 208
Nymphe 36

Ocellus 42
Ofenfischchen *Thermobia domestica* 38
Ohrwurm 36, 110
    Arixenia esau 110
    Gemeiner Ohrwurm *Forficula auricularia* 110
    Xeniaria jacobseni 110
Ommatidium 42f.
Ozeanläufer *Hylobates* 119

Paarung 80, 169–174
    Paarungsritual 85
    Paarungssignale 161
Paranußbaum *Bertholetia excelsa* 210, *210*
Partnersuche 156–169
Passionsblume *Passiflora incarnata* 104, 108

Pferdebremse *Tabanus unilineatus* 43, 47
Pflanzenfresser 92–109
Pflanzenwanze *Pachlis* 145
Pflanzenwespe *Perga* 148
Pheromon 49, 154, 167ff., *168*, 186, 188
Pilzkäfer *Pselaphicus giganteus* 174, *174f.*
Pilzmücke *Arachnocampa flava* 120, *121*
Pinyon-Kiefer *Pinus edulis* 99
Plastron 32, *33*
Pleuralbogen 69
Pollen 106
Prachtbiene *Euglossa* 210, *210f.*
Primel *Primula vulgaris* 106

Quittenblüte *Cydonia oblonga* 187

Raubfliege
    Cyrtopogon ruficornis 160
    Promachus 113
Raubwanze 70
    Amulius longiceps
    Apiomeris 113
    Rhinocoris tristis 174, 175
    Rhodnius prolixus 112
    Salyavata variegata 120
Raupe *132*
    Eupithecia 85
Regenwald-Laubheuschrecke
    Championica 29
Resilin 69
Reziproker Altruismus 184
Riechen und schmecken 46–51
Riesenwasserwanzen 175
Rückenschwimmer *Notonecta* 164
Rüsselkäfer *Rhina barbirostris 90*

Sandbiene *Andrena fulva* 207
Sandlaufkäfer 64
    Cicindela 29
    Mantichora 65
Sandwespe *Ammophila aberti* 182
Sattelschrecke
    Acrometopa 17
    Copiphora rhinoceros 17
Schaben 36, 74, 118
    Amerikanische Schabe *Periplaneta americana* 118
    Aptera cingulata 179
    Elliptorhina javanica 118

Nashornschabe *Macropanesthia rhinoceros* 180
Waldschabe *Cryptocerus punctulatus* 180f.
Schädlingsbekämpfung, biologische 200, 202, 204f.
Schildlaus 109
    Dactylopius coccus 209
    Kerria lacca 209
Schildwanze *112*, 175
    Eysarcoris fabricii 152
    Peromatus 96
    Troilus luridus 140
Schlehenspinner *Orgyia antiqua* 33
Schloß- und Schlüssel-Theorie 152, 156
Schlupfwespe *Grotea* 120, 124
Schmetterlinge
    Acraea macaria hemileuca 142
    Caligo eurilochus 136
    Colobura dirce 133
    Dioryctria albovitella 99
    Flügelschlagrate 75
    Kleinschmetterling *Cryptoses choloepi* 72
    Malaysianischer Nachtschmetterling *Carniola* 132
    Monarch-Schmetterling *Danaus plexippus* 81, 82f., *82f.*, 149
    Nachtschmetterling 47, 49, 167
    Papilio phorcas 5
    Plathypena scabra 98
Schnabelfliegen *Mecoptera* 154
Schrecken
    Europäische Eichenschrecke *Meconema thalassinum* 110
    Feldheuschrecken 164
    Gespenstschrecke *Phyllium bioculatum* 133
    Große Goldschrecke *Chrysochraon dispar* 168
    Kenianische Heuschrecke *Parasphena* 13
    Laubheuschrecke 54, 56, 110, *124*
    Acrometopa 41
    Amblycorypha floridiana 9
    Euconocephalus 88
    Hörsystem 55
    Macrocentron 104

Phylloptera 128
Stilpnochlora incissa 55
Regenwald-Laubheuschrecke *Championica* 29
Sattelschrecke *Copiphora rhinoceros* 17
Südafrikanische Laubheuschrecke *Armativentris* 125
Schwalbenschwanz *Papilio jacksoni* 142
Papilio polycenes 138
Schwammspinner *Lymantria dispar* 92
Schwärmerraupe 24
    Manduca sexta 24
    Pseudosphinx tetrio 96
Schwarzkäfer 70
    Cauricara eburnea 28
    Onymacris 64, 65
Schwarzkopfknacker (Vogelart) 149
Schwebefliege 75, *146f.*
    Eristalis tenax 146
    Flügelschlagrate 75
    Syrpus ribesi 146
    Volucella bombylans 147
Schwimmkäfer *Dytiscus* 69f., 80
Sehen 23, 42–46
Seidenspinner *Bombyx mori* 49
Sensillum (Sinneshaar) 48
Siebenpunkt-Marienkäfer *Coccinella septempunctata* 26
    Gefrierschutz 26
Skorpionsfliege
    Bittacus apicalis 154
    Harpobittacus 154, *155*
Sozialverhalten 178–197
    Subsoziales Verhalten 178–181
Spanische Fliege *Lytta vesicatoria* 139
Speckkäfer *Anthrenus* 122
Spermatheka 169, 171

Spermaübertragung 159
Spermaverdrängung 169–171, 173f.
Spinne
    Argiope 110
    Nephila-Spinne 114
Springen 65, 69
Steinfliegen 73
Stielaugenfliegen *Diopsis* 158

Stridulation 164
Südafrikanische
Laubheuschrecke
Armativentris
125

Tabakschädling *Heliothis*
virescens 202
Tabakschwärmer *Manduca*
sexta 119
Tachigali myrmecophila
(Regenwaldbaum) 109
Tanzfliegen 154f.
Empis 155
Hilaria 155
Tarnung 128–133
Augenflecken auf Flügeln
136f.
Tastsinn 50
Taubenschwänzchen
Macroglossum stellatum
79
Termiten 80, 181, 188,
192–197
Biomasse 197
Coptotermes 192
Cubitermes 195
Kolonie 194f.
Kompaßtermite
Amitermes meridionalis
194
Macrotermes bellicosus
180, 192, 194, 195, 195
Nasutitermes 120, 192
Odontotermes 167
Trinervitermes gratiosus
196
Territorialität 159ff.
Thanatose 125
Totengräber *Necrophorus*
178f.
Trägerspinnerraupe *1*

Tsetse-Fliege *Glossina*
morsitans 113, *113*
Tympanum 54, *54*

Ulmensplintkäfer *Scolytus*
scolytus 103

Vapourer-Motter 72
Vererbungslehre 28f.
Gene 32f.
Verteidigung 124–149
mit chemischen
Substanzen 124, 138–141,
145f.
durch Imitation 146f.
mechanische 124f.
Vögel 142ff., 148f.

Waldschabe *Cryptocerus*
punctulatus 180f.
Waldwespe *Dolichovespula*
sylvestris 146
Wanderung 80–85
Wanzen
Aniscocelis flavolineata
151
Baumwoll-Färber-Wanzen
Dysdercus 15, 202
Erdnußwanzen *Laternaria*
laternaria 136
Hyalymenus 146
Landwanze *Elasmucha*
grisea 175
Libyaspis coccinelloides
141
Lissocarta vespiformis 147
Pflanzenwanze *Pachlis* 145
Phyllomorpha laciniata
130
Raubwanzen 70
Apiomeris 113
Rhinocoris tristis 174, 175

Rhodnius prolixus 112
alyavata variegata 120
Riesenwasserwanzen 175
Schildwanze 96, 112, 140,
152, 175
Wasserwanzen
Anisops 125
Corixa 69
Xylocoris 174
Warnfärbung 140f., 148, 214
Wasserinsekten 80
Wasserläufer *Gerris* 115, 116
Wasserskorpion *Nepa*
cineraria 33, 90
Wasserwanze
Anisops 125
Corixa 69
Wegwespe
Bembix texana 183
solitäre 183
Weichkäfer *Rhagonycha fulva*
156, *156*
Weihnachtskäfer
Anoplognathus 92
Weiße Gewächshausfliege
Trialeurodes vaporarium
201
Werbung 161–169
Wespen 47
Ammophila 88, 183
Blattwespen *Croesus*
septentrionalis 98
Cotesia 119
Encarsia formosa 201, 204
Feldwespe *Polistes* 58,
190f.
Gallwespen *Cynipidae* 104
Grabwespe *Sphecidae* 107
Larra americana 204
Mesochorus discitergus 98
Mischocyttarus alfkennii
64

Montezuma 124
Nestbau 64, 190f.
Nistzyklus 183
parasitische *Apantales*
glomeratus 204
Pflanzenwespe *Perga*
148
Polistes canadensis 190
Polistes cavapyta 190f.
Protomicroplitis facetosa
98
Protopolybia acutiscutis
178
Sandwespe *Ammophila*
aberti 182
solitäre *Delta*
dimidiatipenne 182, *182*
soziale 183
Timulla 84
Trichogramma 175
Vespula germanica 212,
212
Waldwespe
Dolichovespula sylvestris
146
Wegwespe *Bembix texana*
183
solitäre 183
Wiesenschnake *Tipula*
paludosa 75
Witchety-Maden 206
Wüstenschwarzkäfer *68*

Zeitgefühl der Insekten 42
Zikade 56, 164
Brevisiana 108
Henicopsaltria eydouxi
164
Zikadennymphe *36*
Zirpe
Buckelzirpe *11, 92, 128,*
131